FLY & CAMP TRÄUME

Hans-Burkhard Garbe

MIT DEM WOHNMOBIL DURCH DEN WESTEN KANADAS

FLY & CAMP TRÄUME

Hans-Burkhard Garbe

MIT DEM WOHNMOBIL DURCH DEN WESTEN KANADAS

Drei Brunnen Verlag GmbH & Co., Stuttgart

Einband u. Layout:
Jürgen Reichert
Gestaltung: Emmerich Müller
Karte: Bernd Matthes
Fotos: Hans-Burkhard Garbe

Die Deutsche Bibliothek –
CIP-Einheitsaufnahme

Garbe, Hans-Burkhard:
Mit dem Wohnmobil durch den Westen
Kanadas / Hans-Burkhard Garbe. –
Stuttgart : Drei-Brunnen-Verl., 1992
(Fly- & Camp-Träume)
ISBN 3-7956-0221-1

ISBN 3-7956-0221-1

1. Auflage 1992

Stuttgart, Friedhofstr. 11
Satz: Typobauer Filmsatz GmbH,
7302 Ostfildern 3
Druck: Offsetdruckerei Karl Grammlich,
7401 Pliezhausen
Bindearbeiten: Josef Spinner, 7583 Otters-
weier/Baden

Inhalt

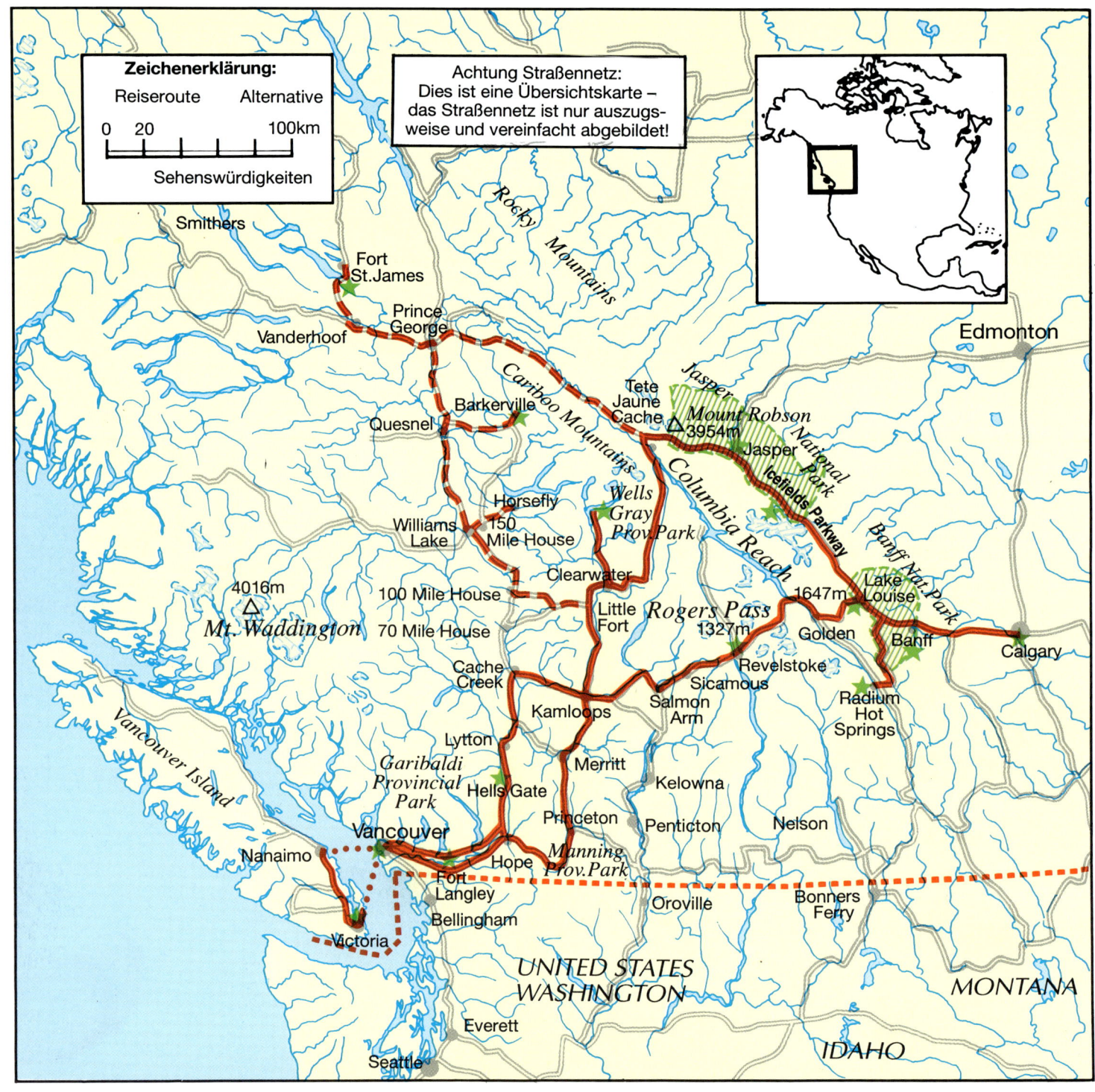

Achtung Straßennetz:
Dies ist eine Übersichtskarte –
das Straßennetz ist nur auszugs-
weise und vereinfacht abgebildet!

Smithers

Fort
St. James

Prince
George

Vanderhoof

Cariboo Mountains

Barkerville

Quesnel

Rocky Mountains

Tete
Jaune
Cache

Jasper

Mount Robson
△ 3954m

Jasper
National
Park

Icefields Parkway

Edmonton

Horsefly

Wells
Gray
Prov.Park

Columbia Reach

Banff Nat. Park

150
Mile House

Williams
Lake

Clearwater

1647m
Lake
Louise

4016m
△
Mt. Waddington

100 Mile House

70 Mile House

Little
Fort

Rogers Pass
1327m

Golden

Banff

Calgary

Cache
Creek

Kamloops

Salmon
Arm

Sicamous

Revelstoke

Radium
Hot
Springs

Vancouver Island

Lytton

Garibaldi
Provincial
Park

Hells Gate

Merritt

Kelowna

Nanaimo

Vancouver

Hope

Princeton

Penticton

Nelson

Manning
Prov.Park

Fort
Langley

Bellingham

Victoria

Oroville

Bonners
Ferry

UNITED STATES
WASHINGTON

MONTANA

Everett

Seattle

IDAHO

Zeitplan und Streckenführung

1. Tag	Hinflug Stuttgart – Calgary	
2. Tag	Calgary	
3. Tag	Calgary	
4. Tag	Calgary – Banff	128 km
5. Tag	Banff – Yoho National Park	143 km
6. Tag	Yoho National Park – Sicamous	249 km
7. Tag	Sicamous – Cache Creek	217 km
8. Tag	Cache Creek – Vancouver	356 km
9. Tag	Vancouver	
10. Tag	Vancouver	
11. Tag	Vancouver – Victoria	126 km
12. Tag	Victoria	
13. Tag	Victoria – Manning Park	266 km
14. Tag	Manning Park – Kamloops	245 km
15. Tag	Kamloops – Wells Gray Park	179 km
16. Tag	Wells Gray Park	
17. Tag	Wells Gray Park – Mount Robson Park	314 km
18. Tag	Mount Robson Park – Jasper	78 km
19. Tag	Jasper	
20. Tag	Jasper – Columbia Icefields	109 km
21. Tag	Columbia Icefields – Radium Hot Springs	256 km
22. Tag	Radium Hot Springs – Calgary	261 km
23. Tag	Rückflug Calgary – Stuttgart	
		2907 km

Zusatzstrecke:

1. Tag	Clearwater – Rose Lake	220 km
2. Tag	Rose Lake – Barkerville	220 km
3. Tag	Wells – Bowron Lake – Wells	55 km
4. Tag	Wells – Prince George	195 km
5. Tag	Prince George – Fort St. James – Prince George	340 km
6. Tag	Prince George – Tete Jaune Cache	270 km
		1300 km

KANADA – wen lockt dieses Zauberwort nicht!

Wir, die wir im alten, dunklen und mittlerweile auch ganz schön eng gewordenen Europa leben, träumen vom zweitgrößten Land der Erde. Wir sehnen uns nach der unendlichen Weite, kristallklaren Gewässern, jungfräulichen Wäldern – sie werden tatsächlich „Virgin

Einführung

Forests" genannt – grandiosen Bergen und Abenteuern.

Das alles – und noch viel mehr – kann man auf einer Reise durch den kanadischen Westen erleben!

Kanada ist ein Land voller Gegensätze: 28mal so groß wie die neue Bundesrepublik, aber nur 26 Mio. Einwohner.

Und diese wohnen fast alle in einem nur 300 km breiten Streifen parallel zur US-amerikanischen Grenze.

Am Beispiel der NORTHWEST TERRITORIES (NWT) werden die Größenverhältnisse dieses Riesenlandes Kanada deutlich.

Die NWT erstecken sich vom 60. Breitengrad im Süden bis zur Nordspitze des Ellesmere Islandes im Norden über 3400 km. Damit sind die NWT so groß wie Indien!

Dennoch leben in diesem riesigen Gebiet nur etwa 52 000 Menschen, ein Drittel davon sind Inuit (Menschen), wie sie sich selbst nennen. Wir kennen sie als Eskimos (Rohfleischfresser).

YELLOW KNIFE, am Nordufer des Großen Sklavensees gelegen, hat als Hauptstadt der NWT ganze 11.000 Einwohner.

Oder nehmen wir das „zivilisiertere" BRITISH COLUMBIA (BC).

Mit rund 950 000 Quadratkilometern größer als die neue Bundesrepublik und Frankreich zusammen, leben hier dennoch nur 2,9 Millionen Menschen, davon über die Hälfte im Großraum der Städte Vancouver (1,5 Mio.) und Victoria (260.000), der Hauptstadt. Man hat also viel Platz! Darum wird man – ähnlich wie in den USA – nur im Kern der Großstädte Hochhäuser finden. Die Grundstückspreise sind – verglichen mit denen in Deutschland – niedrig, also baut man flach und im wahrsten Sinne des Wortes „großzügig".

Der Osten Kanadas, besonders die sogenannten „Atlantik-Provinzen" mit ihren abwechslungsreichen Küsten, den verschwiegenen Buchten und ihrer älteren Geschichte, ist zweifellos eine Reise wert.

Uns hat es jedoch bisher immer wieder in den Westen gezogen.

Lassen Sie sich einladen zu einer Reise durch die westlichen Provinzen ALBERTA und BRITISH COLUMBIA!

Wir tragen gemeinsam alle wichtigen Tips und Informationen zusammen, die für einen Trip durch den kanadischen Westen nützlich sind. Aber auch wer mit dem PKW unseren Spuren folgen möchte, kommt auf seine Kosten. Es werden darum auch Unterkünfte in Hotels bzw. Motels der mittleren Preisklasse genannt.

In Kanada findet man nicht alle Motelketten, die man vielleicht aus den USA kennt. „Best Western", „Travel Lodge" oder „Sandman Inn" sind jedoch auch hier empfehlenswert. In diesem Zusammenhang sei daran erinnert, daß in der Regel das Frühstück nicht im Übernachtungspreis eingeschlossen ist! Dieses kann man entweder – gegen Aufpreis – im Hotel, oder in einem Restaurant bzw. Coffee-Shop einnehmen, die sich oft in der Nähe großer Hotels angesiedelt haben.

Wir haben die Kanadier immer wieder als freundlich, hilfsbereit und kontaktfreudig erlebt! Z.B. wird man an der Kasse im Supermarkt stets mit einem freundlichen „Guten Tag, wie gehts heute?" begrüßt und ebenso freundlich verabschiedet. Auch wenn man nur wenig Englisch kann, kommt man bei jeder Gelegenheit mit den Menschen ins Gespräch. Ob es beim Einkaufen, auf dem Campingplatz oder beim Besichtigen von Sehenswürdigkeiten ist, schnell ist über das „Woher" und „Wohin" ein Kontakt hergestellt. Wir waren immer wieder überrascht, bei solchen Gelegenheiten Lebensgeschichten und Schicksale zu erfahren, die man hierzulande nur den besten Freunden anvertrauen würde. Auffällig ist auch, vielen deutschstämmigen Kanadiern zu begegnen. Fast jeder Dritte hat von deutschen Großeltern, Eltern zu berichten oder ist selbst noch in Deutschland geboren.

Hilfsbereitschaft und Aufgeschlossenheit scheinen begründet in der jungen Geschichte der Besiedelung dieses Landes durch die jetzigen Bewohner. Fast jeder ist hier einmal als Fremder angekommen und war auf Hilfe und Rat angewiesen. Das hat die Menschen geprägt.

Ohne diese wie selbstverständlich gewährte Hilfe wäre unsere erste Reise mit einem Wohnmobil – damals von San Francisco aus – nach fünf größeren Pannen wohl ein einmaliges Erlebnis geblieben. Nur das Vertrauen auf diese Hilfsbereitschaft, die wir bei dieser Gelegenheit erfuhren, ließ uns einen zweiten Versuch wagen.

Seitdem – toi, toi, toi! – sind wir immer gut gefahren!

Calgary, Innenstadt

Nicht nur der ortsunkundige Fahrer findet Rücksicht und Verständnis auch im Straßenverkehr. Es wird ausgesprochen defensiv gefahren. Es gibt kein Drängeln, Dichtauffahren oder Lichthupenbatterien.

Fußgänger können immer – nicht nur an Zebrastreifen – mit der Rücksicht von Autofahrern rechnen. Sobald erkennbar wird, daß jemand die Straße überqueren möchte, hält man deutlich vorher an und gibt ein Zeichen.

Trotz oder vielleicht sogar wegen der Geschwindigkeitsbeschränkung – auf Autobahnen 100 km, auf Landstraßen

9

Das Wohnmobil

80 km und in Städten 50 km – rollt der Verkehr flüssig!

Wegen der großen Entfernungen wird man im Urlaub oft mehrere tausend km fahren. Dennoch habe ich das nie als anstrengend empfunden. Man gewöhnt sich schnell an das Fahrzeug und seine Abmessungen und rollt entspannt dahin.

Wenn man dann nach einigen Urlaubswochen in Kanada wieder auf die deutschen Straßen zurückkehrt, glaubt man sich von lauter potentiellen Selbstmördern umgeben. Man muß sich an die Hektik, ja den Kampf „jeder gegen jeden" wie er z. B. auf deutschen Autobahnen leider üblich ist, erst wieder gewöhnen!

Das Reisen in Nordamerika mit einem Wohnmobil haben wir immer als geradezu ideal erlebt.

„Einsteigen, die Fotopause ist zu Ende! Wir müssen weiter!" So oder ähnlich hört man es immer wieder auf Bustouren.

Der Wohnmobilreisende kennt das nicht! Er hält an, wo es ihm gefällt und er bleibt, solange es ihm gefällt.

Das Wohnmobil

Er muß sich nicht jeden Abend pünktlich im vorbestellten Hotel einfinden, denn er hat ja sein Bett, sein Wohnzimmer, seine Küche und sein Bad immer bei sich! Wohnmobile sind heutzutage recht komfortabel ausgestattet und haben nichts mehr mit dem Zelten früherer Jahre zu tun. Wer sich nicht scheut, den Stecker des Stromkabels in die Steckdose zu stecken und Frischwasser- bzw. Abwasserschlauch anzuschließen, wem es nichts ausmacht, sich das Frühstück und andere Mahlzeiten selbst zuzubereiten, wird sich in einem Wohnmobil rundherum wohlfühlen.

Buchen sollte man das Fahrzeug in jedem Fall früh genug bei einem Reiseveranstalter im Heimatland. Dafür spricht eine Reihe von Gründen. Einmal sind die Mietpreise hier zumindest nicht höher als drüben. Dann würde man für einen Urlaub von wenigen Wochen zuviel Zeit mit der Suche nach einem Vermieter vor Ort verlieren, außerdem wäre es unsicher, z.B. in der Hauptsaison, überhaupt das passende Fahrzeug zu finden und dann hat es seine Vorteile, bei eventuellen Reklamationen das deutsche Reiserecht anwenden zu können, als sich im fernen Kanada in einer fremden Sprache mit einem Vermieter auseinandersetzen zu müssen.

Früh genug buchen heißt im Januar, wenn man im Juli oder August reisen und noch das passende Wohnmobil reserviert finden möchte. Wer ganz sicher gehen will, kann auch schon früher buchen.

Es gibt eine große Zahl von Anbietern. Jedes Reisebüro kann Sie beraten. Der ADAC oder DER sind z.B. bekannt für ein großes Angebot von Reisemobilen. Es gibt aber auch Veranstalter, die sich auf Wohnmobilreisen in Nordamerika spezialisiert haben. VOBIS-Reisen in München gehört dazu oder Scholz Canada-Tours in St.Augustin bei Bonn. Diese Firmen als Spezialveranstalter halten persönlichen Kontakt mit ihren Vermietern. Das heißt sie reisen regelmäßig nach Kanada und überprüfen an Ort und Stelle den Service und die Fahrzeuge, die sie ihren Kunden vermitteln.

Um die günstigsten Angebote herauszufinden, muß man leider rechnen, aber es lohnt sich! Die Preise unterscheiden sich nach der Größe des Wohnmobils, nach der Saison, nach der Anzahl der zu fahrenden Kilometer und teilweise auch nach dem Alter der Fahrzeuge.

Außerdem kann die Zahl der mitreisenden Personen eine Rolle spielen. VOBIS schließt eine Hotelübernachtung in den Preis mit ein und einen Reiseführer nach Wahl.

Scholz Canada Tours berechnet das Hotel extra und bietet das jeweilige Fahrzeug an, unanhängig davon, wieviele Personen mitfahren. Beide Firmen haben große Erfahrung in diesem Geschäft und vermitteln auch preiswerte Flüge. Immer zusätzlich bezahlen muß

11

man ein Ausstattungspaket, das pro Person gebucht, Bettwäsche, Handtücher, sowie Geschirr, Besteck und Kochtöpfe umfaßt. Auch eine Axt sollte man sich geben lassen, da auf den Campingplätzen überall Feuerstellen zum Grillen, teilweise mit kostenlosem Feuerholz, zu finden sind.

Kleinere Unterschiede gibt es bei den Vermietern vor Ort. Manche berechnen die Gasfüllung und WC–Chemikalien nicht, andere verlangen dafür bis zu 50 $. An Wochenenden kann es unterschiedliche Öffnungszeiten der Vermietstationen geben.

All das ist aus den detaillierten Angeboten zu entnehmen. Man muß sich nur die Mühe machen und vergleichen. Aber das ist ja bei jeder Reise empfehlenswert!

Selbstverständlich kommt immer der Flug hinzu, den die Reiseveranstalter ebenfalls vermitteln. Auch hier lohnt sich ein Preisvergleich unter Berücksichtigung der Leistung.

Es macht schon einen Unterschied, ob man direkt fliegt oder einen – vielleicht billigeren – Flug mit Zwischenlandungen und Umwegen bucht. Zu empfehlen ist im Zweifelsfall immer der kürzere – der ist schon lang genug – besonders dann, wenn Kinder mitreisen.

Welches Wohnmobil sollen wir nun mieten? Natürlich hängt die Größe von der Zahl der Mitreisenden ab. Man sollte das Fahrzeug aber nicht zu klein wählen! Man kann sich leicht vorstellen, daß es auf einer mehrwöchigen Reise – auch gerade dann, wenn einmal nicht die Sonne lacht – wichtig ist, nicht zu eng aufeinander zu sitzen. Manche Freundschaft ist so schon in die Brüche gegangen!

Grundsätzlich gibt es drei Klassen von Motorhomes, die man in A – C einteilen kann. Als Klasse A werden die großen integrierten Fahrzeuge mit Längen bis über 10 Meter bezeichnet. Sie bieten allen Komfort und sehr viel Platz. Das größte Angebot findet man in der B-Klasse. Diese Fahrzeuge werden in den Längen 18–28 Fuß (1 Fuß = ca. 30 cm) angeboten. Typisch ist der Alkoven über dem Fahrerhaus, in dem ein Doppelbett untergebracht ist. Auch in dieser Klasse ist die Ausstattung komplett. Sie bieten die Küche mit großem Kühlschrank und Gefrierfach, Bad mit Dusche und WC, Warmwasserboiler, Propangasheizung, oft auch eine Klimaanlage und immer großvolumige 6 bzw. 8-Zylindermotoren. Dazu automatisches Getriebe und servounterstützte Lenkung und Bremsen. Der Benzinverbrauch liegt, je nach Größe und Fahrweise zwischen 22 und 32 Liter bleifrei Normalbenzin pro 100 km. (Preis im Sommer 1990 umgerechnet ca. DM 0,75 pro Liter.) In den Klassen C bzw. D werden werden Fahrzeuge als sogenannte „Pickup-Camper, also Kleinlastwagen mit aufgesetzter Wohnkabine, Van Conversation, darunter versteht man zum Wohnen ausgebaute Kleinbusse bzw. Lieferwagen und VW-Camper angeboten. Diese Klasse bietet ein spürbar beschränkteres Platzangebot. Auch findet man nicht in allen Wagen eine Dusche oder ein WC.

Grundsätzlich gilt für alle Wohnmobile: das Fahren ist kein Problem! Schnell hat man sich an die anfangs noch ungewohnten Ausmaße gewöhnt. Die Straßen sind breit und Platz zum Parken gibt es genug.

Vor der Übernahme des Wohnmobils sollte man eine Hotelübernachtung einplanen! Wir sind meist am späten Nachmittag Ortszeit an unserem Ausgangsort angekommen.

Dann ist eine Übernahme des Wagens sowieso nicht mehr möglich. Außerdem spürt man den langen Flug und die Zeitumstellung von 8 Stunden. Am nächsten Morgen fährt man dann ausgeschlafen per Taxi (meist als „Transfer" im Preis eingeschlossen) zur Vermietstation oder man wird vom Hotel abgeholt.

Beim Vermieter angekommen, wird man auf Wunsch deutschsprachig bedient. Geöffnet sind die Stationen auch samstags, meist von 8 bis 16 Uhr. Die Einweisung erfolgt in der Regel gründlich. Man geht um das Fahrzeug herum und trägt eventuelle Beschädigungen wie Dellen, Kratzer im Lack oder Schäden an der Windschutzscheibe in ein vorbereitetes Protokoll ein.

Man sollte sich den Wagen gründlich ansehen, denn alle nicht im Protokoll verzeichneten Beschädigungen gehen später zu Lasten des Mieters! Bei dieser Gelegenheit wird man auch auf den Zustand der Bereifung achten, die Profiltiefe prüfen und ob Wassertank und Motor dicht sind. Auch der Auspuff sollte dicht sein und die Aufhängung in Ordnung.

Innen im Wohnmobil werden einem die Funktionen von Backherd, Gasherd, Kühlschrank – mit Gas oder elektrisch mit 110 bzw. 12 Volt zu betreiben – und die Heizung erklärt. Aber keine Sorge, wenn man beim ersten Mal nicht gleich alles verstanden hat, man bekommt alle Informationen schriftlich – auch in deutscher Sprache – mit. Diese sollte

Das Wohnmobil

Wohnmobil: full hook up.

man in Ruhe lesen, möglichst nicht erst, wenn man gar nicht anders weiter kommt! In der Mappe mit den Bedienungsanweisungen findet man auch wichtige Anschriften, Telefonnummern für den Notfall und Plastikkärtchen für Vergünstigungen auf Campingplätzen oder verbilligten Eintritt zu Sehenswürdigkeiten.

Ist alles erklärt, kann man seine Koffer auspacken und den Inhalt im Wohnmobil verstauen. Die leeren Koffer werden kostenlos beim Vermieter bis zum Ende der Reise aufbewahrt, sofern man das Fahrzeug wieder an der gleichen Station zurückgibt. (Gegen Aufpreis gibt es auch die Möglichkeit einer Rundreise mit Rückgabe an einer anderen Station desselben Vermieters).

Mit der Ausrüstung geben die Vermieter oft nur eine Wolldecke pro Person zum Zudecken mit. Lassen Sie sich eine Zweite geben, denn die Nächte können selbst im Hochsommer in den Bergen empfindlich kalt werden! Auch mit der Kleidung muß man sich sowohl auf kühle wie auf hochsommerlich warme Tage vorbereiten. Wir hatten weit im Norden von B.C. im August Temperaturen von über 30 Grad C im Schatten. Aber auch auf Regen sollte man vorbereitet sein. Daß man festes Schuhwerk mitnehmen sollte versteht sich von selbst.

Wenn Sie nicht schon von Ihrem Reisebüro auf eine Zusatzversicherung angesprochen wurden, wird man das spätestens jetzt tun. Im Mietpreis eingeschlossen sind eine Haftpflicht und Vollkaskoversicherung bis zu 1 oder 2 Mio. Dollar. Eine Selbstbeteiligung wird aber bei jedem Unfall auf öffentlichen Straßen fällig! Das können, je nach Vermieter, 1.000 oder 2.000 Dollar sein.

Calgary, Cowboys und Ölmanager.

14

*Mounty in
Sonntagsuniform*

Um die Selbstbeteiligung wesentlich herabzusetzen, kann man zwei Arten von Zusatzversicherungen abschließen.
1. Die CWD (Collision Damage Waiver) bewirkt eine Selbstbeteiligung von 100 $, auch bei Schäden an der Windschutzscheibe.
2. Bei der VIP (Vacation Interruption Protection) beträgt die Selbstbeteiligung nur noch 50 $. Außerdem werden für den Fall, daß eine Reparatur am Fahrzeug länger als 12 Stunden in Anspruch nimmt, Kosten für Unterkunft und alternativen Transport (25 $ pro Person bzw. Fahrzeug) ersetzt.
Die CWD kostete in unserem Fall 8 $ pro Tag. Die VIP hätte 14 $ gekostet.
Die Versicherungsbedingungen können bei den einzelnen Vermietern von einander abweichen. Sie werden in den Angeboten individuell beschrieben.
Während der Reise nachgefülltes Motor- bzw. Getriebeöl oder wenn ein Motorölwechsel fällig werden sollte, werden diese Kosten vom Vermieter ersetzt. Quittung geben lassen und aufheben! Dasselbe gilt für kleinere Reparaturen. Sollten Reparaturen über 50 $ notwendig werden, muß man sich vorher telefonisch die Genehmigung des Vermieters einholen. Das Gespräch bezahlt der Vermieter. „Collect Call" anmelden!
Die Vermieter verlangen eine Sicherheitsleistung, deren Höhe von der gewählten Versicherung abhängig ist. Diese kann ohne Zusatzversicherung 1.500 $ betragen. Mit CDW bzw. VIP ermäßigt sich der Betrag auf 250 $ bzw. 100 $.
Praktisch ist es, wenn man diesen Betrag mit einer Kreditkarte begleichen kann z.B American Express, VISA oder Eurocard.
Sind nun alle Formalitäten erledigt, die persönlichen Utensilien sicher verstaut, der Kilometerstand notiert und nochmals ein kritischer Gang um das Fahrzeug gemacht, kann es endlich losgehen.
Aber halt! Wir haben ja noch nichts zu essen!
Also auf zum nächsten Supermarkt zum Einkaufen!
Die Kette „Safeway" bietet u.a. alles was man braucht, nur keinen Alkohol! Den gibt es in Kanada, anders als in den USA, nur im staatlichen „Liquor Store" zu staatlich festgesetzten, hohen Preisen. In größeren Einkaufszentren findet man den „Liquor Store" oft neben dem Supermarkt, sodaß man seinen Vorrat an Bier, Wein oder anderen alkoholischen Getränken dort gleich decken kann. Haben wir an alles gedacht? (Liste machen!), auch Streichhölzer und Putzmittel nicht vergessen? Dann steht uns die Welt offen! Kanadas wilder Westen, wir kommen!

Zwei Uhr nachts irgendwo über den Rocky Mountains.

Wir haben die kanadische Grenze überflogen und der Pilot hat die Nase der Maschine zum Landeanflug gesenkt.

Wir sind seit mehr als 20 Stunden unterwegs und hundemüde!

Schuld daran ist ein unfreiwilliger Aufenthalt in Chicago.

Calgary: vom Polizeiposten zur Energie-Metropole.

Schon im Anflug auf O'Hare, den Flughafen mit den meisten Flugbewegungen der Welt, hatten wir eine Reihe von Cumulunimben einer ausgeprägten Gewitterfront umfliegen müssen. Kaum sind wir gelandet und in der Halle, bricht das Unwetter los. Es ist nachtschwarz geworden. Blitze zucken und bieten für Momentaufnahmen Einblick in die gespenstische Szenerie. Dazu gießt es wie aus Kübeln.

Der gesamte Flugverkehr muß eingestellt werden! Da hilft auch die modernste Technik wie Radar oder Instrumenten-Anflugverfahren nicht mehr!

Wir sind, zusammen mit Tausenden anderer Fluggäste, am Boden gefangen. Niemand kann uns sagen, wann wir wieder starten können.

Wir müssen über 8 Stunden in den überfüllten Warteräumen ausharren, dann endlich können wir weiterfliegen!

Nach einer weiteren Zwischenlandung in Spokane im us-amerikanischen Staat Washington nähern wir uns nun endlich unserem Ziel Calgary.

Die nächtlichen Lichter der Stadt funkeln zu uns herauf. Wir können die Straßen und den Bereich der Innenstadt ebenso erkennen, wie das schwarze Band des Bow-River.

Bis zur Landung dauert es noch einige Minuten, Zeit genug, um uns gut hundert Jahre zurückzuträumen.

Im Jahre 1873 wurde durch Gesetz eine berittene Polizeitruppe, die North West Mounted Police ins Leben gerufen. Aus ihr ging später die weltberühmte RCMP, die Royal Canadian Mounted Police, hervor.

Diese Truppe hatte die Aufgabe, in dem damals noch gesetzlosen Westen Recht und Gesetz zu vertreten.

Im wilden Westen regierte das Faustrecht. Amerikanische Whiskey-Händler hatten sich im heutigen südlichen Alberta niedergelassen und machten große Umsätze mit den üblichen Folgen. Es herrschten Mord und Totschlag, in die mehr und mehr auch die Indianer einbezogen wurden, die damals noch nicht ahnten, daß das „Feuerwasser" eine der Wurzeln ihres Niedergangs werden sollte.

Im Spätsommer des Jahres 1875 erreichte eine Abteilung der NWMP nach langem Ritt durch die heiße und staubige Prärie den Zusammenfluß von Elbow und Bow, eine grüne Oase inmitten der halbdürren Umgebung. Hier gründeten sie ein Fort und nannten es nach dem kommandierenden Offizier Fort Brisebois.

Ein Jahr später übernahm ein Oberst Macleod das Kommando und gab der Ansiedlung den Namen seines schottischen Heimatortes „Calgary".

Damals lebten hier nur wenige Weiße, darunter einige Missionare, die die Schwarzfuß-, Cree- und Stoneyindianer zum Christentum bekehren wollten.

Erst als 1883 die Canadian Pazific Railway den Ort erreichte, begann Calgary rasch zu wachsen.

Einen neuen Aufschwung erlebte die Stadt, als 1914 der erste Ölbohrturm etwa 30 km südlich erbaut wurde. Später wurde auch im Norden Albertas Öl gefunden. Seitdem ist Calgary die Öl- und Gashauptstadt Kanadas. Die meisten der Ölgesellschaften haben hier ihren Sitz.

Heute nähert sich die Zahl seiner Bewohner der Millionengrenze. Über den scharfbegrenzten Bezirk der Innenstadt mit seinen modernen Hochhäusern hinaus quellen die flachen Vororte über die sanften Hügel.

Calgary liegt über 1000 Meter hoch in einer reinen, kristallklaren Luft. Es trägt den Beinamen „Sunshinecity of the foothills" – Stadt des Sonnenscheins in den Vorbergen – zu recht. An klaren Tagen erscheint das Band der Rocky Mountains wie ein Gemälde am westlichen Horizont. In einer knappen Autostunde, bzw. 80 Kilometern, ist man im Felsengebirge.

1988 war die Stadt Austragungsort für die olympischen Winterspiele. Wenn man Calgary auf dem berühmten Transcanada Highway in westlicher Richtung verläßt, kommt man am Olympia-Park mit den Sprungschanzen und der Rodelbahn vorbei.

Noch berühmter jedoch ist Calgary durch seine Stampede, das größte Reiterfest der Viehhirten und Züchter Kanadas, geworden. Das halbdürre Land zwischen Prärie im Osten und den Rockies im Westen, wo früher

riesige Herden von Büffeln weideten, ist ideal für große Rinderherden.

Alljährlich, Anfang Juli, lockt die Stampede Zehntausende von Besuchern von weit her an. Im Grandstand, einem riesigen Freiluftstadion finden die Rodeos statt. 17000 Menschen faßt der neue Olympic-Saddledom, in dem auch die olympischen Eishockeywettbewerbe ausgetragen wurden.

Zur Zeit der Stampede verändert die moderne Stadt ihr Gesicht und wird wieder so etwas wie eine Cowtown.

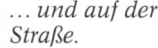

Zwiegespräch im Zoo ...

... und auf der Straße.

19

Devonian Gardens, ein Park im 6.Stock.

Heritage Park, eine Reise in die Vergangenheit.

Selbst die Hotels verkleiden ihre Eingänge und Rezeptionen mit rohen Brettern und Balken zu einem Wildweststil. Auch im Straßenbild sieht man mehr als sonst den breitkrempigen Stetson, hochhackige Cowboystiefel, enge Jeans und Western-Shirts.

Zu dieser Zeit ein freies Hotelzimmer zu finden ist sehr schwierig, eine rechtzeitige Reservierung unbedingt ratsam! Was kann man in Calgary unternehmen? Eine ganze Menge!

Vielleicht sind wir am Wochenende angekommen und können unser Motorhome erst am Montag übernehmen oder wir wollen uns hier erst ein oder zwei Tage akklimatisieren. Die Stadt und ihre Umgebung bieten viele Sehenswürdigkeiten.

Den besten Überblick bietet der 190 m hohe Calgary Tower. Nachdem wir uns im Tourist Bureau am Fuße des Turms in der 9th Ave. einen Stadtplan besorgt haben, gleiten wir für 3 $ in einer Minute in die Höhe. Von der Aussichtsplattform oder dem Drehrestaurant haben wir einen herrlichen Blick auf die Stadt und ihr Umfeld. Bei gutem Wetter können wir im Westen die Rocky Mountains sehen.

Ein Einkaufsbummel macht immer Spaß, hier besonders auf dem „Plus 15 Skywalks"! Diese Einkaufsgalerie mit über 4 km Länge verbindet in einer Höhe von 15 Fuß über der Straße und mehr als 30 Brücken ein Kaufhaus mit dem anderen. Ohne ins Freie zu müssen kann man hier gemütlich bummeln oder in einem der vielen Restaurants essen. Besonders angenehm ist diese Art von Einkaufsvergnügen im Winter, der hier sehr ungemütlich sein kann.

Aber: Achtung, bis auf Donnerstag schließen Geschäfte und Restaurants pünktlich um 18 Uhr!

Über den Skywalk erreicht man auch den „Toronto Dominion Square".

Hier im 4.Stock befinden sich die „Devonian Gardens", ein mehr als 10 000 qm großes tropisches Pflanzenparadies. Bäche, kleine Wasserfälle und Teiche werden von fast 16 000 Pflanzen eingerahmt.

Viele Sitzgelegenheiten laden ein zum Ausruhen oder zum Picknick.

Im „Glenbow Museum" in der 9th Ave. kann man sich über die Geschichte

Westkanadas informieren. Auf vier Etagen findet man Münzen, Waffen, Albertas Geschichte der Indianer, der Eskimos und die der europäischen Einwanderer.

Am östlichen Stadtrand, auch mit der Straßenbahn (LRT) zu erreichen, finden wir auf der St.Georges Island im Bow River Kanadas aufregensten Zoo. Neben dem Vogelhaus, dem botanischen Garten und vielen Tieren bietet er auch den großen prähistorischen Park. Lebensgroß sind hier die Bewohner Albertas vor 65 Millionen Jahren, die verschiedenen Arten von Dinosauriern in ihrer damaligen Umwelt, dargestellt.

Über eine Fußgängerbrücke ist von hieraus auch die Keimzelle der Stadt, der Ort, wo früher das Fort stand, zu erreichen. Hier kann man in originalgetreuer Umgebung mit vielen Ausrüstungsstücken die Geschichte der North West Mounted Police kennen lernen.

Besonders eindrucksvoll und zum Anfassen wird die Geschichte auch im „Heritage Park", südwestlich der Innenstadt gelegen.

Er wurde 1964 eröffnet und zeigt mit viel Liebe zum Detail das Leben vor 1915. Entdecken Sie die Vergangenheit Kanadas in diesem großen Freilichtmuseum. Machen Sie eine Fahrt mit der alten Dampfeisenbahn, bummeln Sie gemütlich die Hauptstraße entlang und schnuppern Sie den Duft frischgebackenen Brotes in der Bäckerei, werfen Sie einen Blick in die original eingerichtete Praxis eines Zahnarztes, besuchen Sie das Hotel und werfen einen Blick in die „modernen" Zimmer. Ob Schule, Theater, eine Schmiede mit rauchender Esse oder eine Zeitung, ja sogar eine komplette Farm können Sie in Betrieb sehen. Alle Mitarbeiter tragen die Tracht jener Zeit und zusammen mit diversen Fahrzeugen machen sie die Illusion perfekt, die Zeit 80 Jahre zurückgedreht zu haben.

Mit diesem Blick in die Vergangenheit wollen wir Calgary verlassen und machen uns auf unsere große Reise nach Westen.

Calgary

Zweitgrößte Stadt der Provinz Alberta.
Am Trans-Canada-Highway gelegen.
675 000 Einwohner.
1043 m hoch.

Visitor	*Center: Tourist & Convention Bureau* *237–8 Avenue S. E., Calgary, Alberta T2GOK8* **(403)263–8510**
Camping:	*KOA Calgary West* *1 km westl.Stadtgrenze am Trans-Canada-Highway* **288–0411**
Motel:	*Best Western Airport* *1947–18th Ave. N. E. Calgary* **(403)250–5015**
Marlborough Inn	*1316–33 Street N. E. Calgary* **(403)248–8888**
Highlights:	*Calgary Tower* *Zoo* *Devonian Gardens* *Glenbow Museum* *Heritage Park.*

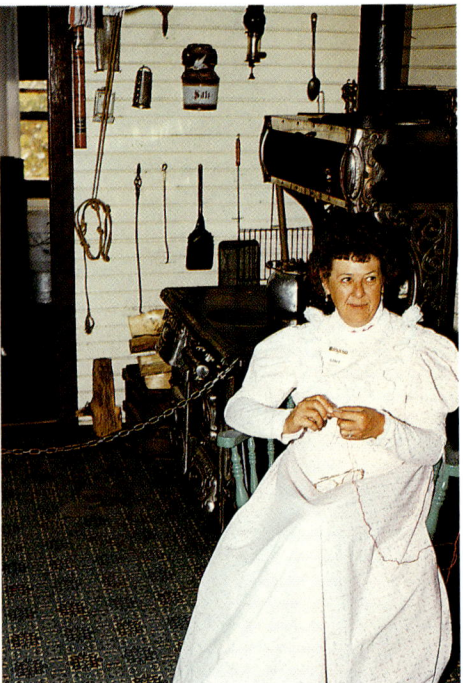

Musikzimmer um 1910.

Die Köchin macht Pause.

Straße im Heritage Park.

„An einem herbstlichen Tage war ich bei Morgengrauen von Calgary abgefahren. Damals gab es noch keinen Trans-Canada-Highway, sondern nur eine der üblichen Kiesstraßen, die der Vermessungslinie nach schnurstracks durch die baumlose rolling prärie, durch die „rollende", also sanft gewellte Steppe, nach Westen zog. Wenn ich ge-

Die wilden Rockies und ihre „Schöne Luise"

wußt hätte, welche halsbrecherischen Autopfade ich bei der Fahrt über das Gebirge würde bewältigen müssen, kaum eine Spur breit, in steilen und steilsten Wänden hängend, oft genug abschüssig zur Außenkante, verwaschen, ungepflastert, oftmals tief aufgeweicht, schlüpfrig und schlammig, in so engen Kurven sich um die Rippen des Gebirges schlingend, daß man zurücksetzen mußte, um die Haarnadelkehren zu bewältigen, dazu schwerste Regengüsse und auf den Höhen dichtes Schneetreiben, Eis auf den endlosen Lachen in den Fahrrinnen und keine Menschenseele weit und breit in der unerhörten, wilden Leere, kein anderes Auto für viele Stunden – und wenn eines, dann natürlich an der übelsten Stelle, wo kein Ausweichen möglich war und man um viele Ecken eine halbe oder eine ganze Meile rückwärts stoßen mußte, um den anderen, weil er bergab fuhr, passieren zu lassen – all dies und noch einiges andere dazu

Castle Mountain.

23

ahnte ich noch nicht, als ich an jenem kühlen, wolkenlosen Herbstmorgen aus dem noch schlafenden Calgary westwärts hinausrollte."

So schreibt A. E. Johann in seinem Buch „Nach Kanada sollte man reisen" über eine Autofahrt im Jahre 1932. Wir haben es, 60 Jahre später, viel besser.

Wir nehmen den vierspurig ausgebauten Trans-Canada-Highway unter unsere Räder und rollen mühelos Richtung Westen. Am Stadtrand grüßen wir noch einmal das Olympiazentrum, den Canada Olympic Park. Schon aus einiger Entfernung sehen wir den 90 m hohen Turm der Skisprungschanze. Den Hang hinunter schlängelt sich die Bobbahn in Betonröhren. Die Wettbewerbe der alpinen Disziplinen wurden in den Rockies ausgetragen.

Schon ist die Skyline der Stadt aus Glas und Stahl hinter uns verschwunden. Nach wenigen Kilometern taucht links von uns ein Vergnügungspark, Galway-Park, auf. Reisende mit Kindern machen hier sicher gerne eine Pause. Wir haben uns immer mit der Ansicht im Vorüberfahren begnügt. Die beiden parallen Bänder unserer Straße weisen uns den Weg. Aus dem klaren Blau des Himmels über uns lacht eine strahlende Sonne, die nur gelegentlich und ganz kurz von einem der weißen Wolkentürme verdeckt wird, die majestätisch wie über ein unsichtbares Meer, über uns dahin segeln.

Die Sonne leuchtet bis in unsere Herzen und macht sie weit und aufgeschlossen für alles, was uns auf dieser Reise erwartet. Was hält der wilde Westen für uns bereit? Werden wir alle jene Wunder sehen, von denen wir schon gehört und gelesen haben, werden wir einen Bären in freier Wildbahn beobachten können?

Aber auch ein wenig Besorgnis mischt sich in diese Stimmung: wird das Wetter halten, was es uns heute verspricht und hält unser Wohnmobil ohne Panne durch?

In der Ferne, am westlichen Horizont, beobachten wir schon eine Weile ein seltsam gezacktes, dunstigblaues Band, dessen Spitzen weiße Kappen tragen. Langsam rückt es näher und wir können immer mehr Einzelheiten des großartigen Felsengebirges erkennen.

Sollten wir auf den berüchtigten Chinook treffen, dann können wir bereits in Calgary die Berge zum Greifen nahe sehen. Dieser Chinook ist ein warmer Fallwind, der mit unserem Föhn vergleichbar ist. Er tritt vornehmlich im Winter auf und kann dann die Temperaturen in erstaunlich kurzer Zeit in die Höhe treiben. Bei Pincher Creek, südlich von Calgary, hat der Chinook einmal im Januar die Temperatur innerhalb einer Stunde um 32 Grad Celsius ansteigen lassen!

Nach 50 km kommen wir bei dem Ort Seebe an eine Kreuzung mit der Straße Nr. 40, die hier nach Süden abzweigt. Wenn wir auf der Rückfahrt noch Zeit haben, wollen wir von hier aus einen Abstecher in das herrliche, neu erschlossene Kananaskis Country machen.

Wir sind bisher durch uraltes Indianerland gefahren und gelegentlich haben wir von unserem bestens ausgebauten Highway einen Indianer zu Pferde gesehen. Man kann sich nur schwer vorstellen, daß hier, wo heute unablässig Tag und Nacht der Verkehr rollt, wo riesige Trucks, immer mit etwas mehr als der erlaubten Geschwindigkeit, nach Osten und Westen donnern, noch vor 150 Jahren nur das Donnern der Büffelhufe zu vernehmen war, die zu

24

Hunderttausenden über die Prärie jagten. Büffel bildeten für die Indianer die Lebensgrundlage. Sie lieferten nicht nur Nahrung, sondern auch Kleidung, Schuhe und Material für Schmuck. Die Indianer haben es über viele Jahrtausende hinweg verstanden, mit der Natur in Harmonie zu leben. Sie verstanden sich selbst als einen Teil ihrer Umwelt und nahmen sich aus der Natur nur soviel, wie sie zum Leben benötigten! Nie wäre es ihnen in den Sinn gekommen, das, was ihnen die Natur in so reicher Fülle bot, maßlos auszubeuten. Sie waren klug genug zu wissen, daß sie damit ihre eigene Lebensgrundlage zerstörten! Nur wir heute, wir ach so zivilisierten, „aufgeklärten" Industrievölker vernichten in unserem maßlosen, borniertem Streben nach immer mehr Profit und Wohlstand unsere Umwelt. Wir modernen Menschen glauben heute in unserer Überheblichkeit, mit den Problemen der Umweltverschmutzung schon irgendwie fertig werden zu können. Die meisten haben sich durch die heutige Lebensweise, z.B. in klimatisierten Räumen und in modernen Städten, die nicht unbedingt zu einem naturverbundenen Leben beitragen, zu weit von der Natur entfernt. Vielleicht hilft uns diese Reise in die schönsten und eindrucksvollsten Regionen Westkanadas, der Natur wieder ein Stück näher zu kommen.

Mit diesen Gedanken nähern wir uns Canmore, dem Austragungsort der nordischen Disziplinen der olympischen Winterspiele von 1988.

Riesig ragen die grauen Berge links und rechts neben uns in den Himmel. Der Bow-River, der uns bis jetzt im wechselnden Abstand begleitet hat, grüßt uns, breit und munter über sein kiesiges Bett dahinmurmelnd. Sich verzweigend, Inseln und Geröllbänke bildend, verläßt er hier die Berge und tritt in die offene Prärie hinaus.

Wir folgen dem Bow aufwärts und kommen nach kurzer Zeit vor die große, rustikale Pforte des Banff Nationalparks. Die Fahrbahn teilt sich in mehrere Spuren auf, an denen jeweils ein kleines Blockhaus steht. Darin begrüßt uns eine hübsche, junge, uniformierte Angestellte der Parkverwaltung. Sie fragt uns freundlich, wie lange wir im Park bleiben möchten. Wir zahlen ein paar Dollar, erhalten dafür eine Plakette, die wir ans Fahrzeugfenster kleben und diverses Informationsmaterial über den Park, insbesondere den Umgang mit Bären! Aus unserem sicheren Wohnmobil und da wir bisher kaum Tiere, geschweige denn Bären, gesehen hatten, nehmen wir die Bärenwarnung nicht so ernst. Man sollte sich dennoch diese Mahnung gut durchlesen, denn richtiges Verhalten im Umgang mit diesen Raubtieren kann u.U. lebensrettend sein!

Während wir weiterfahren, unterhalten wir uns darüber, wie unterschiedlich doch die Bedeutung des gleichen Wortes „Park" ist.

Ganz im Gegensatz zu den Nordamerikanern verstehen wir unter einem Park ein mehr oder minder großes künstlich angelegtes, gepflegtes Gelände mit Bäumen, Büschen, Rasen und Blumenbeeten. Hier ist ein „Park" ein geschütztes Gebiet, in dem die Natur möglichst ursprünglich erhalten werden soll!

Die Verwaltung der kanadischen Nationalparks untersteht dem Umweltminister. Innerhalb der Nationalparks dürfen nur Einrichtungen erstellt werden, die der Versorgung des Parkpersonals und der Touristen dienen. Das Entstehen ganzer Städte wie Banff und

25

Die wilden Rockies und ihre „Schöne Luise"

*Rockies,
wir kommen!*

Hungriges Erdhörnchen bittet um eine milde Gabe am Parkplatz.

Jasper innerhalb der Parkgrenzen kann man nur begreifen, wenn man weiß, daß z. B. in Banff jährlich über drei Millionen Besucher registriert werden!
Rechts wird eine Picnic Area angekündigt und wir machen dort eine Pause. Links ragt der Mount Rundle 2949 m in den blauen Himmel, rechts hält der Mount Pechee, mit 2934 m fast ebenso hoch, die Wacht. Zwischen diesen beiden Wächtern zwängen sich der Trans Canada Highway (TC 1), die Eisenbahn und der Bow-River hindurch. Am Parkplatz besuchen uns Erdhörnchen, lustige, kleine braune Gesellen, die Männchen machen und und auf Futter hoffen. Es ist Hauptreisezeit. Ein Fahrzeug nach dem anderen hält, bleibt für einen kurzen Rundblick oder ein ausgiebiges Picknick und rollt weiter nach Westen. Wir kommen mit einem amerikanischen Ehepaar aus Illinois ins Gespräch. Über das „Woher " und „Wohin" ist schnell ein Kontakt da. Wir erfahren, daß der Mann „retired", also im Ruhestand ist und sie zum ersten Mal in Kanada Urlaub machen. Man stellt sich vor und schon redet man sich mit dem Vornamen an. Nach ein paar weiteren Sätzen kommt fast immer die Frage nach dem Beruf. Das ist die höfliche Umschreibung für die manchmal auch direkt gestellte Frage „How much money do you make?"
Bei uns wissen meist nicht einmal die besten Freunde oder Verwandten voneinander, wieviel man verdient. Ganz anders in Nordamerika. Je höher das Einkommen, umso höher das Ansehen. Dabei ist es völlig nebensächlich, auf welche Weise man sein Geld „macht"! Also zeigt man seinen Wohlstand her und redet gern darüber. Das schafft Respekt! Kapitalismus in Reinkultur!
Kurz nach der Weiterfahrt, ein Halt! Was ist los, ein Unfall? Nein, der Anlass für den Stop ist viel erfreulicher! Am Rand der Straße, keine zwei Meter von ihrer Begrenzung, äst in aller Ruhe ein kapitaler Hirsch. Offensichtlich schmecken ihm die Gräser dicht neben der vielbefahrenen Straße ausgezeichnet. Jedenfalls stört es ihn überhaupt nicht, daß nur ein paar Meter neben ihm der Verkehr stockt und 100 und mehr Menschen Fotoapparate und Videokameras auf ihn richten! Wenn jeder seine Aufnahmen im Kasten hat, steigt man wieder ein und fährt weiter. Bald biegen wir ab vom TC 1 und fahren langsam in die berühmte Stadt Banff ein. Die Einfallstraße wird von vielen Motels gesäumt.
Wir suchen uns in der Nähe des Zentrums einen Parkplatz und orientieren uns erst einmal mit Hilfe des Stadtplans.

Die Stadt mit ihren ca. 5000 Einwohnern bietet alles, was man als Tourist erwartet. Unterkunft vom besten Luxushotel bis zum einfachen Motel, diverse Restaurants und viele Einkaufsmöglichkeiten. Darüber hinaus Sehenswertes wie heiße Quellen, das Natural History Museum oder das Luxton Museum, das indianische Geschichte zeigt. Und das alles eingerahmt von der überwältigenden Gebirgslandschaft. Wir sehen uns zunächst im Natural History Museum um und machen dann einen Bummel von der Brücke über den Bow aus die Hauptstraße, die direkt auf den Hausberg, den 2998 m hohen Cascade Mountain, zuführt, entlang.

Wenn uns nicht schon in Calgary ein Kaufhaus mit dem Namen „The Bay" aufgefallen ist, werden wir spätestens hier mit dem Namen „The Hudsons Bay Company" konfrontiert. Hinter einer rustikalen Fassade mit dem altehrwürdigen Namen verbirgt sich auch hier ein Kaufhaus. Der Name der Hudson Bay Gesellschaft ist mit der Geschichte Kanadas und seiner Besiedelung aufs Engste verbunden.

Wir werden darüber noch mehr hören. Wir machen einige Einkäufe und entdecken auf der Hauptstraße, der Banff-Avenue, eine altertümlich aussehende, schwarze Kutsche, die auf Kundschaft wartet. Sie stellt eine nostalgische und umweltfreundliche Verbindung zwischen dem weltberühmten „Banff Springs Hotel" und der Innenstadt her. Da man dieses legendäre Hotel einmal gesehen haben muß, steigen wir ein und lassen uns die 3 km lange Strecke bequem und gemächlich kutschieren.

Es geht wieder die Hauptgeschäftsstraße entlang, über die Bow-Brücke auf eine alte Villa zu, die in einem wunderschönen und sehr gepflegten Garten liegt. Es ist der Sitz der Parkverwaltung. Wir biegen links ab durch ein Wohngebiet, in dem, den Häusern nach zu urteilen, die besser gestellten Einwohner leben. Der Weg steigt langsam, aber beständig an und bald sehen wir vor uns das riesige Hotel, das genauso gut auch ein Schloß sein könnte. Man hat es 1888 bewußt in einem gemischten, schottisch-französischen Stil als sehr repräsentatives Haus erstellt. Wie kommt es aber, daß man schon vor über 100 Jahren ein so riesiges, mit allem damals erdenklichen Luxus ausgestattetes Hotel mitten in die Wildnis baute? Dafür gibt es zwei Gründe: erstens wollte die Erbauerin, nämlich die Eisenbahngesellschaft „Canadian Pacific Railway", für ihre reichen und anspruchsvollen Fahrgäste eine standesgemäße Übernachtungsmöglichkeit schaffen und zweitens gibt es, wie der Name des

Die wilden Rockies und ihre „Schöne Luise"

Die Kräuter am Highway schmecken besonders gut.

29

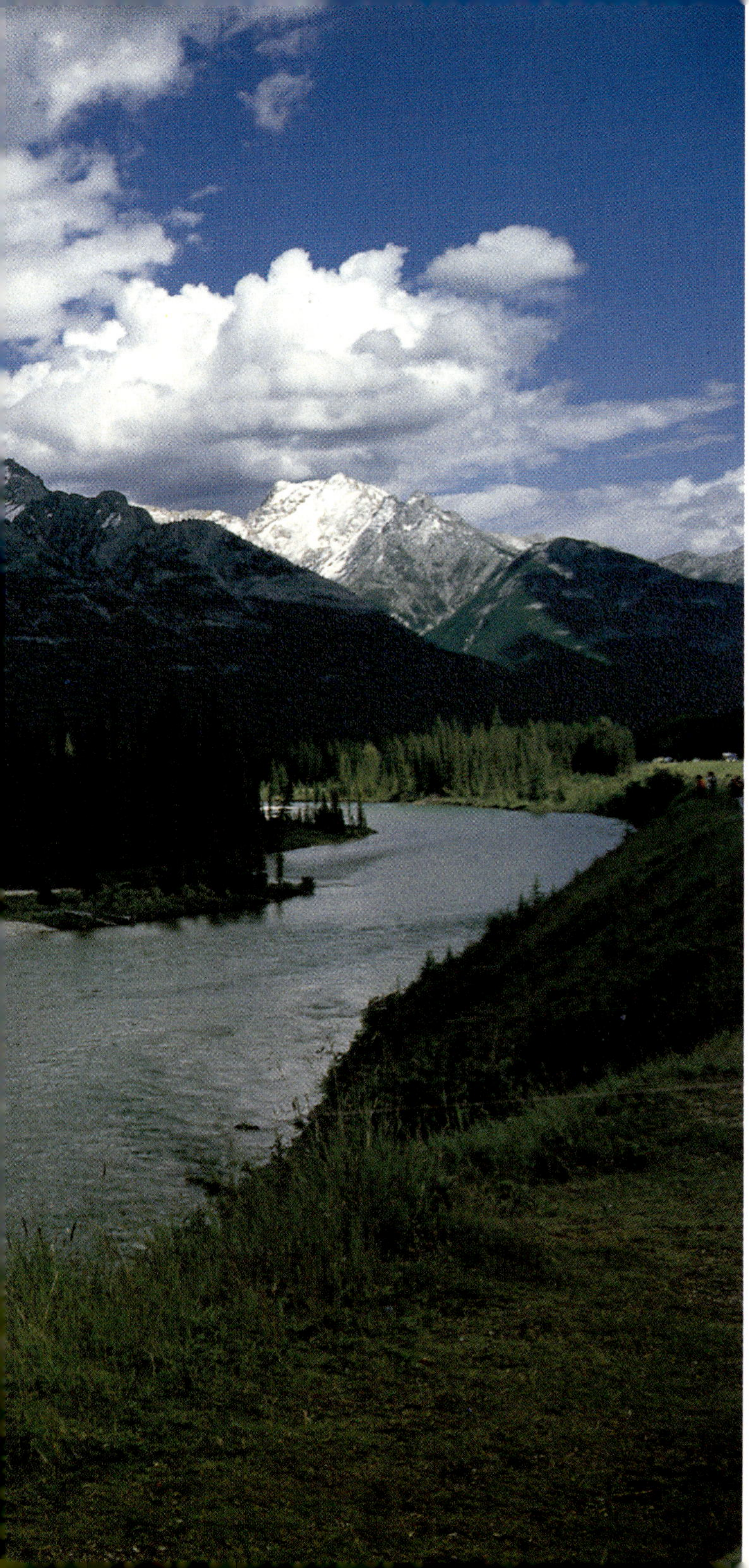

Hotels schon andeutet, in unmittelbarer Nähe des Hauses warme Quellen. Im Winter 1883, während des Baues der transkanadischen Eisenbahn, entdeckten einige Streckenarbeiter, Frank McCabe und William McCardell, beide, wie ihre Namen unzweifelhaft erkennen lassen, schottischer Herkunft, über dem Südufer des Bow aufsteigenden Dampf oder Rauch. Sobald es ihre Zeit erlaubte, gingen sie diesem Phänomen nach und entdeckten eine Erdspalte, aus der Dampf aufstieg, außerdem stank es nach Schwefel. Die Spalte wurde erweitert und man sah in der Tiefe eine heiße, brodelnde Quelle.

In der klirrenden Kältes des Winters war man für jede Wärmequelle dankbar. So verstanden diese beiden geschäftstüchtigen Männer es bald, ihren Fund auszuwerten. Sie bauten eine Leiter, erweiterten des Zugang und boten ihr „Kurbad" gegen eine Gebühr zur öffentlichen Benutzung an. Rheuma war damals noch weiter verbreitet als heute und so überrascht es nicht, daß es bald einen großen Zulauf gab. Denn das Baden in dem heilkräftigen, über 45 Grad heißen Wasser, brachte spürbare Linderung.

Im Tal des Bow River.

Der erste Abend im Wilden Westen.

Eine Legende: das Banff Springs Hotel.

Schon die Indianer wußten um die heilkräftige Wirkung dieser Schwefelquellen und badeten ihre schmerzenden Glieder darin.

Bald hörte auch die Regierung davon und verfügte 1885, um die Quellen herum ein etwa 26 Quadratkilometer großes Gebiet zu schützen. Die natürliche Schönheit dieser Landschaft sollte frei von jeder gewerblichen Nutzung sein. So entstand Kanadas erster Nationalpark, der inzwischen auf eine Größe von 6641 Quadratkilometer erweitert wurde. Der Park und die Stadt Banff sind nach dem Ort Banffshire in Schottland benannt.

Mit dem Bau der Eisenbahn durch die bereits erwähnte „Canadian Pacific Railway", kurz CPR genannt, nahm der kleine Kurort einen rasanten Aufschwung. Vergnügungsreisen konnten sich im vorigen Jahrhundert nur die reichen Leute erlauben! Das Banff Springs Hotel war damals Treffpunkt von englischen Lords, amerikanischen Industriebossen, indischen Fürsten und chinesischen Handelsherren.

Sie alle reisten mit den Luxuszügen der CPR.

Heute bevölkern japanische Pauschaltouristen, die überwiegend per Bus anreisen, das riesige Haus. Nach einem Brand wurde es in der heutigen Form 1928 wieder aufgebaut, größer und schöner als vorher. Es bietet 580 Zimmer und einen einmaligen Ausblick auf den Bow-River, einen der schönsten Golfplätze der Welt und eine Reihe von herrlichen Bergen. Dafür gilt das Banff Springs Hotel auch als eines der teuersten der Welt! Empfangen wird man immer noch von den Kofferträgern im grünen Kilt. Aber kaum jemand, abgesehen vielleicht von einigen arabischen Ölscheichs, kann es sich heute noch leisten, pro Nacht für einige Luxus-Suiten 1oooo Dollar und mehr zu bezahlen. Die meisten Gäste bleiben nur ein oder zwei Tage. In den unteren Stockwerken finden sich eine Menge Boutiquen und exclusive Geschäfte mit entsprechenden Preisen, aber auch Informationsschalter einer Autovermietung, Bus-Gesellschaften und eine Bank. Auch wenn man hier nicht übernachtet, lohnt sich ein Besuch für einen Five o'Clock Tea oder für ein Dinner am Abend in einem der vornehmen Speiseräume, wie beispielsweise im „Alberta Dining Room", um ein Steak oder, noch besser, einen unübertroffenen frischen kanadischen Wildlachs zu verspeisen.

Wir verlassen das Hotel, über dessen Geschichte und seine Gäste ein Buch zu schreiben lohnen würde und nehmen Abschied von den grünen Türmen und Zinnen.

Gleich hinter dem Hotel fährt eine Seilbahn zum 2450 m hohen Mount Sulphur, dem Schwefelberg, empor. Wer länger Zeit hat, kann diesen Berg auch zu Fuß ersteigen. Über den Sulphur

Die wilden Rockies und ihre „Schöne Luise"

Badefreuden in den Upper Hot Springs.

Mountain Summit Trail dauert der 5 km lange Aufstieg mindestens zwei Stunden.

Die Seilbahn überwindet die 865 m Höhenunterschied in 8 Minuten.

Oben gibt es ein Tea House und einen unvergeßlichen Ausblick auf die spitzen Zacken der Berge wie Mt. Assiniboine, Brett, Castle Mountain, Temple oder Mount Norquay. Steil ragen die Spitzen dieser geborstenen Schollen in den Himmel. Man ahnt die ungeheure Kraft, mit der diese Felsschichten unter dem Druck der Plattenverschiebung emporgewuchtet wurden!

Es ist Nachmittag und kühler geworden. Darum wollen wir ein Bad in den „Upper Hot Springs" nehmen. Da wir jedoch unsere Badebekleidung nicht bei uns haben, gehen wir am Bow entlang zurück zu unserem Wohnmobil. Auf diesem Weg kommen wir an den Bow-Fällen vorüber. Breit und kraftvoll donnert der Fluß über eine Felsstufe. Weiße Gischt steht darüber und erst in der Biegung, bei der Einmündung des Spray-River, haben sich die aufgewühlten Wasser wieder einigermaßen beruhigt.

Wir hatten in der Nähe des Central Parks geparkt und finden unser Fahrzeug leicht wieder. Als Wegweiser hilft uns dabei ein Totempfahl, ein Geschenk des Indianerhäuptlings Chief Shaman Kipton, aus British Columbia. Denn nur die im Küstenbereich ansässigen Stämme, wie z. B. die Haida, kannten den Brauch, in die Stämme der mächtigen Küstenzedern ihre Stammes- bzw. Familiengeschichte zu schnitzen und diese als Zeichen ihres Ahnenkultes aufzustellen.

Bevor wir uns in den Upper Hot Springs entspannen, machen wir noch einen Abstecher zum Cave and Basin

Banff, Hauptstraße mit Cascade Mountain.

34

Centennial Centre. Hier wurden 1863 die ersten heißen Quellen entdeckt. Am Ende der Cave Avenue, knapp 2 km westlich der Stadt, finden wir ein Badehaus aus dem Jahr 1914, in dessen unterem Teil eine Ausstellung über die Geschichte des Parks und zur Geologie Auskunft gibt. Die Temperatur dieser Quelle ist mit 30–35 Grad C. etwas geringer als die der Upper Hot Springs mit ca. 40 Grad Celsius.

Wer sein Glück auf dem Rücken eines Pferdes findet, kann von Banff aus bis zu 6tägige, geführte Touren mit Packpferden in die Wildnis machen. Auch halb- oder ganztägige Ausritte sind möglich. Bei den Reitställen, gegenüber vom Banff Springs Hotel, erhält man Auskunft.

Wer jedoch lieber auf Schusters Rappen unterwegs ist, hat auch dazu in der näheren und weiteren Umgebung von Banff ungezählte Möglichkeiten. Aber nicht vergessen: für eine längere Wanderung über mehrere Stunden oder Tage in das Backcountry, also das Hinterland, sollte man sich bei der Parkverwaltung oder Ranger Station registrieren lassen! Das ist in allen Nationalparks gesetzliche Vorschrift und dient der eigenen Sicherheit! Auch bei bester Planung und Ausrüstung sind Zwischenfälle, in denen man auf Hilfe angewiesen ist, nie auszuschließen. Das Wetter kann sich verschlechtern. In diesen Höhen kann es auch im Sommer empfindlich kalt werden, man muß mit Nebel oder sogar Schnee rechnen. Außerdem sind die Trails oft in einem sehr viel „natürlicherem" Zustand als z. B. die gepflegten Wanderwege im Schwarzwald. Da genügt schon ein Fehltritt und man hat sich eine Verletzung geholt. Sehr viel seltener sind gefährliche Begegnungen mit wilden Tie-

*Der „einsame"
Lake Louise.*

ren. Ganz ausschließen kann man aber auch die nicht. Diesen unliebsamen Begegnungen kann man jedoch leicht durch ein Glöckchen vorbeugen, das man an der Kleidung oder am Wanderstock befestigt.

Wer im August nach Banff kommt, wird feststellen, daß auch die schönen Künste hier gepflegt werden. Dem „Banff Centre" ist eine bekannte und berühmte Hochschule für Konzert, Drama und Ballett angeschlossen. In der ersten Augusthälfte bietet diese Schule im Rahmen des „Banff Festival of the fine Arts" Proben ihres hohen Niveaus. Ein spezieller Veranstaltungskalender gibt darüber Auskunft.

Es wird Zeit, diesen so herrlich gelegenen, wenn auch durchaus nicht verträumten Ort zu verlassen. Bevor wir uns nach einem Nachtplätzchen für uns und unser Motorhome umsehen, machen wir noch einen Abstecher zum nördlich von Banff gelegenen Lake Minnewanka.

Dazu überqueren wir den TC (Trans-Canada-Highway) und nach 13 km haben wir den See erreicht. Der Name „Minnewanka" kommt aus dem Indianischen und bedeutet „Geister des Wassers". Als er diesen Namen erhielt, sah der See jedoch ganz anders aus. Er war viel kleiner und sein Wasserspiegel lag 27 m unter dem jetzigen. Mehrmals in diesem Jahrhundert wurden Staudämme erbaut und vergrößert und ließen den jetzt 19 km langen Stausee entstehen, der der Stromerzeugung dient. Ein kleiner Kurort gleichen Namens versank bereits 1912 in den Fluten der Wassergeister. Auch ein Kohlebergwerk mit einer Siedlung namens Bankhead, wurde in den zwanziger Jahren Opfer der steigenden Fluten.

Ein Wanderweg führt bis zu einer Mulde am Cascade Mountain, hin und zurück etwa 8 km, etwa 3 Stunden. Man kann auch eine $1\frac{1}{2}$ stündige Schiffstour über den See machen. Motorboote und Angelgerät kann man auch mieten. Der Minnewanka ist übrigens der einzige See im Park, auf dem private Motorboote zugelassen sind.

Die Sonne wirft schon lange Schatten und erinnert uns daran, daß wir ein Nachtquartier brauchen. Wir fahren darum wieder hinab zum TC, dem wir nur ein kurzes Stück folgen. Noch vor der Bow River Bridge zweigt nach rechts der „Bow Valley Parkway", auch Highway 1 A genannt, ab. Dieser ist zwar eine gepflegte Gravelroad, also nicht asphaltiert, aber auch viel weniger befahren und ohne LKW im Gegensatz zum jenseits des Bow parallel verlaufenden TC.

Wir bereuen unseren Entschluß nicht. Denn plötzlich fühlen wir uns wie in einer anderen Welt. Eben noch umrauschte uns der Verkehr auf der Hauptverkehrsstraße Kanadas und nun kaum noch ein Auto! Dichte, dunkle Wälder säumen die Straße, hin und wieder unterbrochen

Man kann die Rockies auch vom Zug aus erleben.

von grünen, saftigen Wiesen. Links von uns blinkt der Bow ab und zu herauf und ein nicht endenwollender Güterzug, gezogen von 5 starken Dieselloks, rollt uns gemächlich entgegen.

Gelassen überquert vor uns ein kapitaler Hirsch die Straße.

Jetzt erst finden wir „unser" Kanada! Einsamkeit und Natur pur!

Und genauso ist auch der Campingplatz „Castle Mountain", in den wir nun einbiegen. Es ist ein kleiner Platz mit nur 44 Stellplätzen, aber welchen! Weit auseinander im Wald verstreut, finden wir einen nach dem anderen und kein Mensch zu sehen!

In einem Kasten am Eingang hatten wir kleine Umschläge gefunden.

Wir füllten einen mit Namen und Autonummer aus und legten die geforderten Dollar für die Übernachtung ein.

Dann warfen wir den zugeklebten Umschlag in eine Box mit einem Schlitz und schon war die „Anmeldung" erledigt. Die einzelnen Plätze sind alle mit einer Picknickbank und Tisch, sowie mit einer eisernen Feuerstelle ausgerüstet. Das nötige Holz liegt fertig daneben. Wir stellen unser Wohnmobil möglichst eben auf. Dafür ist der Kühlschrank dankbar und außerdem schläft man besser, als wenn das Bett schief „hängt"! Wir haben immer einige kurze Bretter dabei, mit deren Hilfe sich das Fahrzeug meistens gut „leveln" läßt.

Nach dem Abendessen können wir der Versuchung nicht widerstehen und entzünden ein zünftiges Lagerfeuer, an dem wir den ersten Tag unserer Reise beenden. Ein Gläschen Wein dabei gibt uns die nötige Bettschwere.

Nach einer ungestörten Nacht wachen wir am nächsten Morgen erfrischt und munter auf. Die Sonne schickt schon ihre Strahlen durch die Bäume und

Noch ein Luxushotel, das Chateau Lake Louise.

kühle, klare Luft empfängt uns auf dem Weg zur Morgentoilette. Nach dem Frühstück fahren wir ca. 4 km zurück zum Eingang des Johnston Canyon, um eine Wanderung zu machen, für die es gestern abend zu spät geworden war. Ein Pfad führt zu Wasserfällen und türkisfarbenen Frischwasserquellen – insgesamt 6 km hin und zurück. Um diese Tageszeit begegnet uns kaum ein Mensch. Nach zwei Stunden sind wir wieder auf dem Parkplatz zurück und fahren an unserem schönen Übernachtungsplatz vorbei zur Castle Junction. Hier kann man nach Süden zur Straße Nr. 93 abbiegen, die in den Kootenay-Park führt. Diese Kreuzung wurde nach dem Castle Mountain genannt, der tatsächlich wie eine riesenhohe Burganlage 2766 m hoch über dem Tal thront. Auf manchen Karten wird dieser Berg noch „Mount Eisenhower" genannt. Nach dem zweiten Weltkrieg hatte man zu Ehren des amerikanischen Präsidenten den Berg umbenannt und ihn als Ehrengast zu einer feierlichen Enthüllung der neuen Namenstafel eingeladen. Der hohe Gast erschien jedoch nicht, sondern zog es vor, Golf zu spielen! Die Kanadier waren durch diesen Affront verärgert und gaben nach dem Tod Eisenhowers dem Berg wieder seinen alten Namen „Castle Mountain".

Wir bleiben auf dem „Bow Valley Parkway", bis wir bei Lake Louise wieder auf den TC stoßen.

Der kleine Ort bietet Bahnstation, Einkaufs- und Übernachtungsmöglichkeiten. Uns zieht es zum weltberühmten „Lake Louise". Wir hatten schon viel von diesem Juwel gehört und Bilder versprechen eine ausgesprochene Schönheit unter den vielen schönen Seen der Rockies. Aber auch von dem Rummel, der hier herrschen soll, hatten wir erfahren. So waren wir vorgewarnt, als wir uns dem überfüllten Parkplatz näherten. Mit Mühe und Glück fanden wir noch einen Parkplatz. Schilder warnen davor, Wertgegenstände im Auto zu lassen! Wir nehmen also Ausweise, Reiseschecks, Geld und Kameras mit und reihen uns ein in den breiten Strom von Besuchern auf dem kurzen Weg zum See. Sobald man eine flache Kuppe überquert hat, liegt plötzlich eine unvergleichliche Landschaft vor einem.

Für den Moment sind sogar die Besuchermassen vergessen und man ist völlig gefangen von dem grandiosen Anblick des Sees, dessen Farbe, je nach Beleuchtung, jadegrün bis dunkelgrün leuchtet. Eingebettet liegt der See zwischen dunklen Waldbergen, die bis ans Ufer reichen. Den Hintergrund dieser einmaligen Kulisse bildet der Mount

Moraine Lake.

Victoria mit dem gleichnamigen Gletscher, der auch den See speist, wie übrigens noch weitere fünf Gletscher!
Entdeckt wurde dieses Kleinod der Natur 1882 durch Tom Wilson, einen Streckenarbeiter der Canadian Pacific Railway, die am Bow entlang ihren Schienenstrang baute. An einem schönen, arbeitsfreien Sonntag folgte er einem silbergrün über die Felsen dahinspringenden Bach immer höher und stand nach dieser Kletterei unvermittelt vor dem atemberaubenden Panorama. Beeindruckt von der jadegrünen Farbe des Sees, nannte er diesen „Emerald Lake". Erst später wurde der See dann umbenannt nach der Prinzessin Louise Caroline Alberta, einer Tochter der Königin Victoria und Frau des damaligen

Generalgouverneurs von Kanada, Marquis of Lorne.
Gletscher und Berg im Hintergrund haben ihren Namen nach der britischen Königin Victoria (1819–1901).
Wir verlassen bald das quirlige Seeufer und wandern einen Pfad entlang, der uns am Nordufer den Menschen entführt. Ein Blick zurück zeigt uns das mächtige Hotel Chateau Lake Louise, dessen Vorgänger, das Chalet Lake Louise schon 1890 hier entstand. Erbaut wurde es natürlich auch von der Canadian Pacific. 1990 wurde es modernisiert und erweitert. Mit dem Komfort und den Preisen kann es durchaus mit seiner Schwester, dem Banff Springs Hotel, mithalten! Die Sonnenterrasse über dem großen Schwimmbad

Die wilden Rockies und ihre „Schöne Luise"

Durch einen Felssturz gestaut, der Moraine Lake.

ist mit vielen Kaffee trinkenden Gästen besetzt.

Wir wandern weiter am See entlang. Nur selten begegnen uns noch Spaziergänger. Es ist hier genauso wie an anderen vielbesuchten Orten: man braucht oft nur wenige Schritte abseits zu gehen und schon ist man mit sich und der Natur allein. Vergessen ist das babylonische Sprachengewirr, das Klicken der Kameras und das Geschrei der Kinder. Um uns sind nur noch das leise Plätschern der Wellen der „schönen Louise", die Stimmen der Vögel und das Säuseln des Windes.

Der Lake Louise liegt auf 1722 m Höhe. Unser Weg führt zum Mirror Lake, der gut 3 km entfernt ist. Wenn man Zeit hat, kann man auch über den gleichen Weg die „Plain of Six Glaciers" also die Ebene bei den sechs Gletschern, erreichen. Für diese 13 km lange Tour (hin und zurück) sollte man einen halben Tag einplanen.

In der Nähe vom Hotel werden Pferde vermietet. Für 8 $ pro Stunde kann man sich auch ein Kanu mieten und direkt vom See aus die traumhafte Landschaft genießen.

Wir nehmen uns vor, wenn möglich, dieses herrliche Fleckchen Erde beim nächsten Mal morgens zu besuchen. Dann soll der Andrang wesentlich geringer sein!

Wir machen unseren Parkplatz für den Nächsten, der schon wartet, frei und fahren weiter zu einem anderen berühmten See, dem Moraine Lake. Dieser weniger überlaufene, aber kaum minderschön gelegene See, der über eine 14 km lange Straße vom Village Lake Louise erreichbar ist, verdankt seinen Namen der irrtümlichen Annahme, er sei durch eine Moräne, also eine Endablagerung eines Gletschers entstanden. Vermutlich wurde er aber durch Felsabbrüche aufgestaut. Die Straße windet sich in vielen Serpentinen bis auf 1900 m Höhe. Der Moraine Lake ist allen Kanadiern bekannt, ist er doch auf der Rückseite der 20 Dollar-Note abgebildet.

Wir klettern auf der riesigen Felsbarriere herum, die den See zur Talseite hin abschließt und die nur einen schmalen Durchlaß für den munter in das Tal oder besser den Canyon hinab rauschenden Moraine Creek frei läßt. Ein Motel mit rustikalen Hütten, die sich vom Seeufer den Hang hinauf ziehen, lädt zum Urlaub oder auch nur zur Übernachtung ein. Es ist die Moraine Lake Lodge. Von hier aus geht ein schmaler Weg am Rande des Sees bis zum Zulauf, dessen Wasser breit verzweigt im letzten, flachen Teil des Waldes dem See zustreben. Von der Lodge führt auch ein vier Kilometer langer Weg zum Eingang des Sentinel-Passes (dem Wachtposten-Paß) in 2611 m Höhe. Hier oben stoßen wir auf das Larch Valley, Lerchental, mit wundervoll saftigen Wildwiesen, eingerahmt von Bergwänden und eingestreut einige kleine Seen, die wie Spiegel blinken. Rechts ragt der gewaltige Mount Temple auf, mit 3547 m der höchste Gipfel der Bow-Kette.

Wieder zurück im Tal fallen uns 10 Gipfel auf, die in einer Reihe westlich des Sees stehen. Man nennt das Tal darum auch „Valley of the Ten Peaks". Das klare Blau des Moraine Lakes hatte uns schon beim ersten Anblick beeindruckt.

Wir erfahren später, daß der See nicht durch Gletscherwasser gespeist wird und darum auch nicht die milchige Färbung hat, die vom feinen Abrieb der Felsen stammt.

Jenseits des Bow Tales, nördlich vom Lake Louise Village, kann man sich mit der „Lake Louise Gondola", die mit 3350 m eine der längsten Seilbahnen Kanadas ist, auf den 2969 m hohen Whitehorn Mountain hinauftragen lassen. Von hieraus hat man aus der Vogelperspektive einen herrlichen Blick über das Bowtal auf die gegenüberliegenden Berge.

Wir vertrauen uns wieder dem Trans-Canada-Highway an, der uns in nordwestlicher Richtung von Lake Louise wegführt. Schon nach 5 km kommt eine Kreuzung. Wir widerstehen der Versuchung, geradeaus weiter zu fahren und den einmaligen Icefields Parkway zu nehmen.

Diesen Höhepunkt wollen wir uns für die Rückfahrt aufsparen!

Wir bleiben dem TC treu und biegen nach Westen ab.

Aus dem Bow River Valley klettert die Straße nun hinauf zum Kicking Horse Paß, der in 1647 m Höhe eine mehrfache Grenze bildet: zunächst einmal verläuft hier die Grenze zwischen den Provinzen Alberta und British Columbia, gleichzeitig wechseln wir von der Mountain-Time-Zone zur Pacific-Time-Zone – das bedeutet, wir stellen unsere Uhr eine Stunde zurück und haben damit für den heutigen Tag eine Stunde gewonnen! – außerdem wechseln wir vom Banff-National-Park in den Yoho-National-Park und, besonders bemerkenswert, wir überqueren hier die kontinentale Wasserscheide.

Da interessiert es eigentlich nur noch am Rande, daß man auch gleichzeitig den Grat der Rocky Mountains kreuzt. Der Name „Kicking Horse Paß" ist zweifellos ungewöhnlich und man fragt sich, wie ein Paß zu einem solchen Namen kommt? Wie hinter vielen geographischen Bezeichnungen steckt auch hinter dieser eine Geschichte. 1858 erschien im Gebiet der hier ansässigen Stonies, ein Indianerstamm, der dafür bekannt war, nur mit erhitzten Steinen zu kochen, eine Expedition, zu der ein Geologe mit Namen Dr. James Hector gehörte. Man suchte einen Weg nach Westen. Auf der Paßhöhe wurde James Hector von einem bockenden Pferd getroffen und bewußtlos geschlagen. Als der Bewußtlose gar nicht wieder zu sich kommen wollte, hielten ihn die Indianer für tot und wollten ihn begraben. Das Grab war schon geschaufelt, doch kurz vor seiner Beerdigung erwachte Dr. Hector aus seiner tiefen Ohnmacht! Seitdem also heißt dieser Paß „Kicking Horse Pass"! Und auch der Fluß, der uns bis zu seiner Mündung in den Columbia-River begleitet, trägt den Namen des schlagenden Pferdes.

Weil wir gerade bei Namen sind: der Yoho National Park wurde nach dem indianischen Wort „Yoho", das in der Cree-Sprache ein Ausruf des Entzückens ist und soviel wie „Oh" „herrlich" oder „wunderbar" bedeutet, benannt.

Diese Bezeichnung ist durchaus treffend, denn der Yoho-National- Park ist wirklich reich an Naturwundern. Zunächst einmal treffen wir nach 10 km Abstieg auf ein Wunder von Menschenhand. Am „Spiral Tunnel Viewpoint" halten wir an und lassen uns das Wunder von einer Schautafel erklären. Um den Höhenunterschied von 400 m auf nur wenigen Kilometern zu überwinden, baute man Anfang des Jahrhunderts mehrere spiralförmige Tunnels in den Berg. Vorher gab es auf diesem Streckenabschnitt eine Reihe von schweren Unfällen durch Bremsversagen bzw. Entgleisungen. Heute kann man mit etwas Glück sehen, wie einer

41

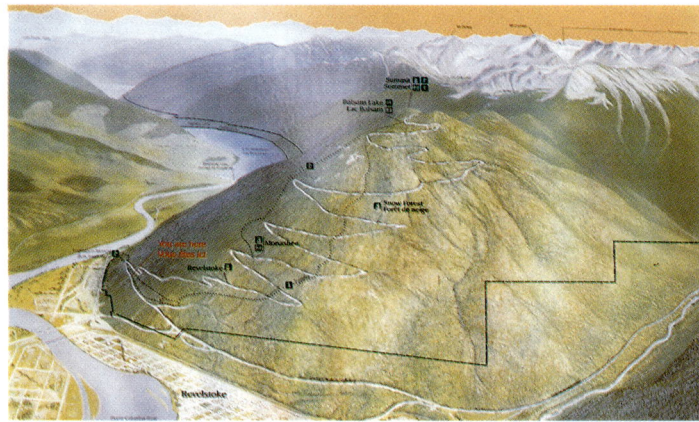

So fährt man mit dem Wohnmobil auf den 2000 m hohen Mount Revelstoke.

Spiral Tunnels für die Eisenbahn.

Natural Bridge am Kicking Horse River.

ses Tal ab und führt zu den berühmten Takakkaw-Fällen, die spektakuläre 254 m in die Tiefe stürzen. Der Abstecher ist ca. 12 km lang.

Im kleinen Ort Field gibt es ein Visitor Centre, in dem u. a. eine sehenswerte Ausstellung von Versteinerungen geboten wird. Mehr als 140 verschiedene Tierarten, etwa 550 Millionen Jahre alt, wurden in der Nähe, im Schiefer versteinert, gefunden. Damals lag dieser Teil der Nordamerikanischen Platte etwa auf der Höhe des jetzigen Mexico und war von einem flachen, warmen Binnenmeer bedeckt.

Einige Kilometer westlich von Field biegt eine Nebenstraße nach Norden ab. Diese Abzweigung sollten wir keinesfalls übersehen, denn sonst verpassen wir zwei wirklich sehenswerte Wunder der Natur! Bald nach dem Einbiegen sehen wir links einen Parkplatz. Von dort aus sind es nur wenige Schritte zur „Natural Bridge".

Hier hat sich die Ausdauer und Kraft des Kicking Horse River einen schmalen Durchlaß durch eine massive Felsbarriere geschaffen, durch die seine Wassermassen sich schäumend und tosend hindurchzwängen. Am Ende der 8 km langen Nebenstraße erreichen wir ein anderes Juwel, den „Emerald Lake". Auf dem gut besuchten Parkplatz stellen wir unser Haus auf Rädern ab. Ein Bootsverleih und der unvermeidliche Andenken-Shop laden ein. Wir gehen über eine Holzbrücke, die nur für den Anliegerverkehr der Emerald Lake Lodge gedacht ist. Die Lodge besteht aus mehreren Gebäuden, die Zimmer und Ferienwohnungen bieten, meistens mit Blick auf den milchig smaragdgrünen See. Wir bedauern, daß uns unsere Reiseplanung nicht Zeit für einen mehrtägigen Stop läßt. Hier könnte

der überlangen Güterzüge, die manchmal mehr als 100 Waggons haben und die von bis zu 6 roten Dieselloks gezogen werden, mit den ersten Wagen oben aus dem Tunnel herausfährt, während unten noch der hintere Teil des Zuges im schwarzen Loch der Tunneleinfahrt verschwindet. Umgekehrt ist es genauso interessant. Die Durchschnittsgeschwindigkeit innerhalb der Tunnels beträgt 24 Stundenkilometer.

Vom Aussichtspunkt kann man weit in das Yoho-Tal hineinschauen, an dessen Ende der Yoho-Gletscher liegt. Eine schmale Straße biegt ein wenig unterhalb unseres Aussichtspunktes in die-

Banff-National-Park

111 km westlich von Calgary am Trans-Canada-Highway
6.641 Quadratkilometer groß, gegründet 1885, 1200 bis über 3000 m Banff ca. 5000 Einwohner, 1384 m

Information:	*Superintendent Banff-National-Park* *Box 900, Banff, Alberta T0L 0C0* **(403)762–3324**
Camping:	*Tunnel Mountain, 2,5 km nördöstl. von Banff an der Tunnel Mountain Road am TC 1 320 Stellplätze Castle Mountain, 2 km nördl. Castle Junction am 1 A, 44 Stellplätze*
Motel:	*Banffshire Inn, 537 Banff Ave.* **1–800–661–8630**
Highlights:	*Luxton Museum, Natural History Museum, Banff Springs Hotel, Upper Hot Springs, Cave and Basin Centre, Lake Louise, Moraine Lake*
Entfernung:	*Calgary – Banff 128 km*

man sich in Ruhe erholen, wandern, reiten, kanufahren oder einfach faulenzen. Als Ersatz bietet sich ein Rundweg um den See an. Auch hier ist man nach kurzer Entfernung vom Eingang in die Natur eingetaucht und kann sich ungestört den Schönheiten der Landschaft hingeben. Nach gut zwei Stunden sind wir zurück am Parkplatz und fahren zum TC. Dort reihen wir uns wieder in den Verkehr Richtung Westen ein, um nach etwa 20 km links abzubiegen. Dort wollen wir auf dem abseits der Straße gelegenen Campingplatz Hoodoo Creek übernachten. Nach der schon bekannten Anmeldeprozedur suchen wir uns wieder mitten im Wald ein schönes Stellplätzchen. Dem Campingführer haben wir entnommen, daß wir hier auch „dumpen" können. So nennt man die Entleerungsmöglichkeit der Abwassertanks. Auch Frischwasser füllen wir am nächsten Morgen wieder auf. Da es gerade auf den staatlichen Campgrounds nicht überall diese Versorgungsmöglichkeit gibt, ist es ratsam, den Tank für das Frischwasser immer gut gefüllt zu halten und auch zu dumpen, wann immer sich dazu eine Gelegenheit bietet.

Yoho-National-Park

schließt westlich an Banff N.P. an, British Columbia
1313 Quadratkilometer, gegründet 1886
Östlicher Eingang Kicking-Horse-Paß (1647)

Information:	*Superintendent Yoho-National-Park* *Box 99 Field B.C. V0A 1G0* **(604) 343–6324**
Camping:	*Hoodoo Creek ca. 7 km östl. des Parkausgangs West 1o6 Stellplätze*
Motel:	*Golden Village Motor Inn, Box 371, Golden V0A 1H0 Osteingang von Golden*
Highlights:	*Spiraltunnels, Takakkaw Falls, Natural Bridge, Emerald Lake.*
Entfernung:	*Banff – Yoho National Park 143 km*

Heute liegt eine der schönsten Routen vor uns, die der Trans-Canada-Highway auf seinem Weg durch das große Felsengebirge nimmt. Bald passieren wir die westliche Parkgrenze. Wie schon seit dem Kicking-Horse-Paß, senkt sich die Straße weiter langsam ab. In diesem von Gletschern gebildeten V-förmigen Tal schwingt sich der TC am

Durch das Herz der kanadischen Bergwelt

nördlichen Abhang entlang. Die Eisenbahn schmiegt sich an den gegenüberliegenden Hang und dazwischen blitzt der Fluß zu uns hinauf.

Wir rollen in das kleine Städtchen Golden, wo wir tanken. Am Ortseingang gibt es ein B. C. Tourist Information Office, in dem wir uns mit diversen Prospekten und einer Straßenkarte von British Columbia versorgen. Dieser Service der Karte ist kostenlos!

Vor uns liegt die Kette der Selkirk-Mountains. Bedrohlich steil, wie ein Wall, ragen die Wände in die Höhe. Die Ingenieure der Canadian Pacific standen vor der schier unlösbaren Aufgabe, hier eine Trasse für ihren Schienenstrang zu finden. Den Mut, die Zähigkeit und die Ausdauer dieser rauhen Männer, die unabdingbare Voraussetzung zur Erfüllung ihrer Aufgabe waren, kann man heute nur noch erahnen. Ohne die Ortskenntnis und Hilfe ihrer indianischen Führer wären sie zweifellos gescheitert.

Einer dieser harten Männer war der Major A. B. Rogers, ein Ingenieur der Eisenbahngesellschaft, der im Frühjahr 1881 einen Weg über die Selkirks fand. Der Columbia-River, den wir jetzt auf einer weitgespannten Brücke überqueren, wählte die bequemere Lösung für seinen Weg nach Westen. Er bog weit nach Norden aus, um die Berge herum, um sich erst jenseits dieser riesigen Barriere wieder nach Süden zu wenden, und dann später als Strom bei Astoria zwischen den us-amerikanischen Staaten Washington und Oregon im Pazifischen Ozean zu enden. Wir werden darum den Columbia bei Revelstoke noch einmal wiedersehen.

Während wir noch dem Fluß nachschauen, der sich im Dunst des Tales Richtung Norden verliert, steigt die Straße deutlich an.

Auffallend sind die vielen Tunnel und Überdachungen des Highways, die sowohl Steinschlag, vor allem aber Schneelawinen fern halten sollen. Hieran wird uns deutlich gemacht, daß wir uns auf der „feuchten", also der Westseite des Hauptkammes befinden. In dieser Gegend wurde schon eine

Ein Travel Info-centre.

45

Durch das Herz der kanadischen Bergwelt

Schneehöhe von 23 m gemessen! Schon der Bau der Eisenbahn wurde von mehreren Lawinenunglücken überschattet. Auch später wurden immer wieder Züge von Lawinen getroffen oder die Schienen verschüttet. Man verlegte die Strecke darum 1916 in einen 8 km langen Tunnel, den Connaught-Tunnel, der direkt durch den 2886 m hohen Mount Mac Donald führt.

Einer der schönsten Übergänge ist der Rogers-Paß (1327 m). Mit der Namensgebung ehrte man die Leistung des bereits erwähnten Vermessers A. B. Rogers. Hier oben gönnen wir uns und unserem Wohnmobil eine verdiente Pause, denn inzwischen sind wir mitten im Glacier-National-Park. Im Informationszentrum schauen wir uns gründlich um. Wir lernen die Geschichte des Passes kennen und erfahren, daß dieser Park eine Größe von 1350 Quadratkilometern hat und seinen Namen den etwa 400 Gletschern verdankt, die hier zu finden sind. 1886 wurde er gegründet. Alle diese Informationen in Bild und Film sind mit viel Liebe und Sachkenntnis zusammengestellt, auch über die Flora und Fauna der Region. Es gibt aber noch weitere Gründe für einen Besuch. Man bekommt hier in der Regel auch Auskunft über den Straßenzustand und eine Wettervorhersage!

Auch über Wanderwege, Bergtouren und die dazu notwendige Ausrüstung erhalten Sie Ratschläge. Darüber hinaus informiert man Sie über Veranstaltungen. Wir haben diesen touristischen Kundendienst immer gern genutzt, dabei manch wertvollen Tip bekommen und nie den Eindruck gehabt, mit dem Besuch Zeit verloren zu haben!

Draußen entdecken wir ein Denkmal, das „Summit Monument", das aus zwei

Blick vom Trans-Canada Highway.

46

gekreuzten Holzbögen besteht. Damit soll an die Fertigstellung des Trans Canada Highways im Jahre 1962 erinnert werden. Von hier aus kann man auf einem Pfad den alten Schienen der CPR folgen. Bekannt ist der Glacier-National-Park auch für seine Bären, denn sowohl Grizzly als auch Schwarzbär finden hier ideale Lebensbedingungen.

Wir folgen dem Illecillewaet-River. Noch vor dem gleichnamigen, kleinen Campingplatz stoßen wir auf den Anfang des Loop-Trail, der der Schleife der Eisenbahnlinie folgt. 10 km hinter dem westlichen Parkausgang kommen wir an den schön gelegenen Canyon Hot Springs vorüber.

Wir erinnern uns an unseren Badespaß in den Upper Hot Springs in Banff und biegen kurz entschlossen links in die Zufahrt ein. Wir können zwischen zwei Becken mit der Wassertemperatur von 26 oder 40 Grad Celsius wählen. Liegestühle am Pool laden ein zum Ausruhen. Zu der recht sauberen Anlage gehören auch ein Restaurant und ein Laden. Auf dem angeschlossenen Cam-

pingplatz läßt es sich gut übernachten.

Nach 35 km haben wir Revelstoke erreicht. Bevor wir aber ganz in die Stadt hinabrollen, sollten wir einen Abstecher in den Mount-Revelstoke-National-Park machen! Man hatte uns diesen Besuch unbedingt empfohlen. Aber mit dem Wohnmobil auf einen fast 2000 m hohen Berg fahren? Wir hielten erst einmal an einer Schautafel, die uns zeigte, wie die Straße sich um den Berg in die Höhe windet. Von oben kamen mehrere Wohnmobile herab. Warum sollten wir es also nicht wagen? Wir ließen den Motor an und vertrauten uns der 26 km langen Schotterstraße Richtung Gipfel an.

Ohne Probleme trug uns unser treues Motorhome immer höher. Dabei durchfuhren wir verschiedene Vegetationszonen. Bis ca. 1300 m begleitete uns Mischwald aus Nadelbäumen, Pappeln und Birken.

Dann lichtet sich der Wald und macht der schmalen Engelmann-Fichte und Tannen Platz. Weiter oben finden wir die Drehkiefer und die Zirbelkiefer. Im

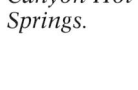

Canyon Hot Springs.

Three Valley Gap, ein Familienunternehmen.

oberen Teil kommen wir an die Baumgrenze, werden dafür aber durch wunderschöne, in ihrer Farbenpracht unübertroffene Bergwiesen mehr als entschädigt. In einer Vielfalt von Pflanzen und Farben, die wir in unseren alpinen Bergwiesen nicht kennen, leuchtet hier ein Farbenteppich. Die Natur zieht in der kurzen Vegetationsperiode von nur 3 Monaten im Sommer alle Register ihres Könnens und beweist auch in dieser Höhe ihre unerschöpfliche Fantasie. Vom oberen Parkplatz führt ein Rundwanderweg um den Gipfel. In einer Felsspalte finden wir Anfang August noch Schnee. Erdhörnchen und Murmeltiere sonnen sich und wir genießen die beglückende Aussicht an diesem strahlenden Sommertag. So können wir in Richtung Westen tief unten und leicht im Dunst unseren alten Bekannten, den Columbia-River wieder entdecken, der hier seinen 250 km langen Umweg beendet hat und sich wieder mit dem TC trifft. Etwas unterhalb des Gipfels ist ein weiterer Parkplatz. Auch hier halten wir noch einmal und wandern um einen kleinen See, der eingerahmt von bunten Wildwiesen und Bäumen idyllisch vor sich hin träumt. Ein geräumiges Blockhaus bietet Wetterschutz und Kochmöglichkeiten. Aus dem Schornstein steigt noch der Rauch vom letzten Feuer auf. Leider hat diese Idylle einen Schönheitsfehler: das sind die gefräßigsten Raubtiere des Landes, die Mosquitos! Aber wo gibt es heute noch ein Paradies ohne Fehler!

Revelstoke, das heute etwa 8500 Einwohner zählt, entstand als Eisenbahnercamp. Jetzt ist es ein bedeutender Holzumschlagsplatz.

Der Ort wurde nach dem Lord Revelstoke genannt, der im fernen London einer der Geldgeber der Eisenbahngesellschaft war.

Der Columbia mußte auf seinem Weg bisher schwere Arbeit leisten.

Mächtige Dämme, u. a. der Mica-Creek-Damm, stauen seine Wasser und zwingen den stolzen Fluß, seine Kraft an Turbinen, zur Erzeugung von Strom, abzugeben. Entsprechend kraftlos fließt er unter uns auf einem breiten Kiesbett nach Süden. Von der hohen Brücke, die uns sicher zum anderen

„The Last Spike": ein Traum wurde wahr!

The Last Spike vollendet ein eisernes Band von Meer zu Meer.

Ufer trägt, senden wir ihm einen Abschiedsgruß nach.

Noch einmal geht es über einen – kleineren – Paß, den Eagle-Pass.

Hier soll 1865 ein Trapper und Landvermesser mit Namen Walter Moberly einen Adler (Eagle) beobachtet haben, der einen schmalen Einschnitt in den Monashee Mountains durchflog. Später wählte die CPR diesen Paß für ihre Route.

Etwa 20 km westlich von Revelstoke wirbt eine haushohe Tafel unübersehbar am Highway für das Three Valley Gap, eine stattliche Ansiedlung und ein Beispiel für die unternehmerische Leistung eines Selfmademan. Noch vor dem Bau des Trans-Canada erstellte Gordon Bell, der Besitzer, hier ein Hotel. Später trug er alte Häuser, die nach Originalplänen wieder aufgebaut wurden, hier zusammen und stattete sie mit gesammelten, alten Utensilien aus.

Prachtstück dieses Museumsdörfchen ist das Hotel Bellevue, das, vollständig eingerichtet bis zum gedeckten Tisch, nur noch auf seine Gäste zu warten scheint. Das Museumsfreigelände wird durch einen Bretterzaun abgeschirmt. Davor steht an einem Bahnsteig ein alter Zug aus besseren Zeiten der CPR. Auch ein See mit Ruderbooten gehört zum Angebot des Unternehmens. Abends laden regelmäßig Reisebusse ihre Fahrgäste aus zum Übernachten. In einem Theater können sich die Gäste durch Western-Shows unterhalten lassen.

Sollten Sie mit Kindern reisen, bietet sich der nächste Stop schon nach weiteren 12 km an. The Enchanted Forest, ein Märchenpark mit recht kitschigen Figuren, lädt die Besucher zum Spaziergang durch die etwas heruntergekommen scheinende Märchenwelt.

Aus dem Schornstein der Hütte steigt noch Rauch …

Kanus auf dem Emerald Lake.

Wir übernachten auf einem KOA Platz.

Den nächsten Anlaß für einen Halt bildet eine ungewöhnliche Gedenkstätte, die jedoch für die Entwicklung des Landes eine ganz besondere Bedeutung hat. Bei dem Ort mit dem schottischen Namen Craigellachie wurde am 7. November 1885 der letzte eiserne Nagel in eine Schwelle des Schienenstrangs geschlagen! Die historische Aufnahme zeigt einen würdigen, älteren Herrn mit weißem Vollbart und Zylinder, der diesen Akt vollzieht. Sein Name war Donald Alexander Smith. Eine Gedenktafel hat die Inschrift:„ Ein nebelhafter Traum wurde Wirklichkeit. Ein eisernes Band überquert Canada von Meer zu Meer. Oft auf den Spuren der ersten Forscher, wurden fast 3000 Meilen (4800 km) stählerne Schienen, über weite Prärien, kühne Gebirgspässe überspannend, sich durch Schluchten windend und tausende von Flüssen überbrückend, vorangetrieben."

Um die historische Bedeutung dieses grauen Novembertages zu erfassen, muß man sich in die damalige Zeit zurückversetzen: 1866 hatten sich die beiden Kronkolonien Vancouver Island und British Columbia am fernen pazifischen Ozean zusammengeschlossen. Sie waren von dem im Osten am 1. Juli 1867 gegründeten britischen Dominion Canada durch tausende Kilometer leeren Landes getrennt. Erst vier Jahre nach der Gründung des Dominions, am 20. Juli 1871, trat British Columbia dem Bund unter der Voraussetzung bei, daß eine Eisenbahn vom Osten über die Prärien bis zur pazifischen Küste gebaut wird.

Mit der Vollendung der Eisenbahn von Küste zu Küste wurde erst der kanadische Wappenspruch „A mari usque ad mare" (Von Meer zu Meer) Wirklichkeit und damit auch der Traum von einer Landverbindung zur Küste im fernen Westen, nach der man fast 100 Jahre gesucht hatte.

1887 ist die Strecke durchgehend befahrbar und der erste Zug aus Montreal trifft in Vancouver ein. 75 Jahre lang, bis 1962, bleibt die Eisenbahn die einzige Landverbindung!

Für die nächste Nacht suchen wir uns einen privaten Campground.

Eine in den USA verbreitete Kette heißt

Glacier National Park

Lage am TC zwischen Golden und Revelstoke 1350 Quadratkilometer, gegründet 1886

Information:	*Rogers Pass (1327 m) Informationscenter*
Camping:	*Canyon Hot Springs, 35 km östl. Revelstoke* **837–2420**
Motel:	*Big Lake Resort, Box 2366 Golden VDA-1HD 50 km westl. Golden an TC 1*
Highlights:	*Rogers Pass, div.Wanderwege, Canyon Hot Springs*
Entfernung:	*Golden – Revelstoke 148 km*

„Kampground of America" kurz KOA genannt. Von unserer Vermietstation waren wir mit einem Verzeichnis dieser Plätze, sowie mit einer Plastikkarte ausgerüstet worden, damit erhalten wir auf allen KOA-Plätzen 10% Rabatt. Die Campingplätze mit diesem Zeichen sind meistens recht sauber und bieten einen gewissen Standart, wie beheiztes Schwimmbad, Laden, Münzwaschmaschinen, Entsorgung und Full Hookups, also kompletter Anschluß von Strom, Frischwasser und Abwasser.

13 km östlich von Sicamous leuchtet das typische KOA-Schild links von uns auf. Wir biegen ein und melden uns an. Mit unserer Mitgliedskarte haben wir neben dem Rabatt auch das Recht auf bevorzugte Aufnahme, da jedoch die meisten Gäste eine solche Karte haben, ist dieser Wert mehr theoretisch! Immerhin zahlen wir statt 18 $. nur 16,20 $ und suchen uns einen schattigen Platz im Wald. Schnell sind die Anschlüsse hergestellt und wir damit an die Lebensadern der Zivilisation angeschlossen. Mittags hatten wir ein Omelett gegessen, so reichen uns abends belegte Brote. Dazu mundet uns eine Dose gut gekühltes Bier aus dem eigenen Kühlschrank.

Nach dem Essen und dem Aufwasch lassen wir die Erlebnisse des Tages noch einmal Revue passieren und machen uns Notizen, damit nicht zuviel von der Fülle der Eindrücke verloren geht.

Mount Revelstoke National Park

Lage am östl.Stadtrand von Revelstoke 260 Quadratkilometer, gegründet 1914

Information:	*Information Office Revelstoke an TC 1*
Camping:	*Sykamora KOA an TC 1 61 km westl.Revelstoke* **836–2507**
Motel:	*Three Valley Gap, Motor Inn Box 860, Revelstoke VOE 2SO Lage 19 km westl. Rvelstoke an TC 1* **837–2109**
Highlights:	*Mount Revelstoke (1938 m), Giant Cedar Trail, Fahrt zum Mica Dam 144 km auf Hwy 23 Craigellachie Last Spike*
Entfernung:	*Yoho National Park – Sicamous 249 km*

Heute machen wir uns früh auf den Weg, denn es wird warm werden.

Das schöne Wetter ist uns bisher treu geblieben.

Wir verlassen die herrlichen, himmelswärts strebenden Berge mit ihren weißen Kappen aus Schnee und Eis, das Rauschen der Wasserfälle, die tiefen Schluchten, mit kristallklarem über die

Begegnung mit einer ungewöhnlichen Landschaft

Felsen springendem Wasser und die schweigenden, dunklen Wälder, kurz all das, was in den letzten Tagen unsere Augen gelabt hat und unsere Herzen weit machte.

Dafür erleben wir neue, andere Landschaftsbilder. Der Horizont tritt zurück und gibt der Weite Raum.

Der uns schon vertraute Trans-Canada-Highway nimmt uns wieder auf.

Schon nach wenigen Kilometern taucht am rechten Straßenrand das Ortsschild von Sicamous auf. Obwohl dieser Ort nur etwas mehr als 2000 Einwohner zählt, nennt er sich stolz „Houseboat Capital of Canada", Kanadas Hausboot Hauptstadt. Sicamous liegt zwischen dem kleineren Mara Lake und dem riesigen Shuswap Lake. Shuswap nannten

sich die früher hier lebenden Indianer. Beide Wasserflächen sind durch die Sicamous Narrows miteinander verbunden. Der TC überquert diese Engstelle auf einer hohen Brücke und wir sehen von hier aus die Vermietstationen und Werften der unzähligen Wohnboote. Auf dem Wasser kommt dennoch keine drangvolle Enge auf, denn die Uferlänge der Seen beträgt über 1600 km! Die meist bewaldeten Ufer bieten verschwiegene Ankerplätze und sandige Badestrände.

Im Ort biegt übrigens der Highway 97 A nach Süden ab in das fruchtbare Okanagan Valley. Nördlich Vernon trifft er auf seinen großen Bruder, den bemerkenswerten Hwy 97. Diese Straße kommt weit aus Süden. Am Fuße des Mount Shasta, in Kalifornien, verläßt sie den amerikanischen Interstate 5 und führt auf einer landschaftlich sehr reizvollen und abwechslungsreichen Route durch Nordkalifornien, Oregon und Washington. Bei Osoyoos passiert sie die Grenze nach Kanada und durchkreuzt ganz British Columbia. Oben im Norden, ab Dawson Creek, nennt man sie dann Alaska Highway, der im Jahr 1992 seinen 50. Geburtstag feiert. Weiter geht es durch das Yukon-Gebiet, bis sie wieder amerikanischen Boden erreicht und in Alaska, wo sie die Nummer 1 trägt, in Fairbanks endet!

Wir sind dieser herrlichen Straße, von ihrem Anfang bis zum Yukon, Tausende Kilometer gefolgt und unvergeßliche Erlebnisse verbinden sich für uns mit der 97!

Das Okanagan Valley ist der Obstgarten Kanadas. Je nach Jahreszeit wachsen hier die herrlichsten Früchte und werden an den Obstständen an der Straße angeboten. Im Juni sind es die

Okanagan Lake. Ihm verdankt das gleichnamige Tal die Fruchtbarkeit.

Erdbeeren, im Juli Himbeeren und die einmaligen Kirschen – die berühmten B.C.Cherries, groß und süß; wer sie einmal gegessen hat, wird in Zukunft alle anderen Süßkirschen mit diesen vergleichen! – im August Birnen, Aprikosen und Pfirsiche, im September Äpfel und Tomaten. Außerdem gedeihen hier große Kürbisse und Melonen, Tabak und, in den letzten Jahren mehr und mehr, Wein, der unter Kennern geschätzt wird. Das notwendige Wasser liefert der fast 130 km lange Okanagan Lake.

Unser Ziel bleiben jedoch die salzigen Gestade des größten Ozeans unserer Mutter Erde, des pazifischen, also des friedlichen! Darum bleiben wir unserem TC treu und fahren am Salmon Arm entlang zur gleichnamigen Stadt, die mit 11200 Einwohnern als Hauptort der Shuswap-Area gilt. Hier kann man gut einkaufen und tanken. Eine Reihe von Restaurants laden zum Essen ein. Für uns ist es jedoch noch zu früh, denn wir haben gerade erst gefrühstückt. Hinter Salmon Arm biegt die Straße nach Norden ab und folgt dem Seeufer, an dem auch die Schienen der CPR entlang führen. Der Hauptarm des Shuswap Lake zwingt später unseren Hwy wieder nach Westen. In Squilax können wir zum Adams River abbiegen. Dort bietet sich alle 4 Jahre im Oktober ein seltenes Naturschauspiel. Dann kommen die roten Sockeye Lachse zu Millionen den Fluß hinauf, um zu laichen!

Von nun an begleitet uns der South Thompson River in Richtung Kamloops. Es wird merklich wärmer und die Farben des Landes wechseln vom satten Grün zu einem hellen Gold. Alles Land, was nicht bewässert wird, verdörrt zu einer Art Steppe.

In Kamloops hat das Thermometer schon 30 Grad Celsius im Schatten erreicht! Der Name der Stadt ist das nur wenig veränderte indianische Wort „Cumcloops", das soviel wie „Zusammentreffen von Gewässern" heißt. Tatsächlich fließen hier der South- und der North-Thompson River zusammen. Der Fluß erinnert an David Thompson, einen Erforscher des Landes und Geograph. Bekanntlich waren in früheren Zeiten Flüsse und Seen die Hauptverkehrswege, oft sogar die einzigen. Und so wundert es nicht, daß die Hudson's Bay Company hier 1812 eine Pelzhandelsstation errichtete, die immer in Form eines Forts, hier Fort Thompson genannt, befestigt wurde.

Kamloops hat heute ca. 65000 Einwohner und ist immer noch ein wichtiger Verkehrsknotenpunkt. Neben Eisenbahn und Buslinien kreuzt sich hier auch der Trans-Canada mit dem Highway 5, der von Süden kommt. Dieser ist die Verbindung zum Hwy 16, dem „Yellowhead Highway", der nördlich, etwa parallel zum TC, eine zweite große Straße darstellt, die ebenfalls die Rokkies überwindet und u.a. die Hauptstadt der Provinz Alberta, Edmonton, mit der Hafenstadt Prince Rupert am Pazifik, verbindet.

Vor allem das südlich von Kamloops gelegene, hügelige Grasland eignet sich gut zur Zucht von Rindern. Deshalb spielt, neben dem Holzhandel, auch der Handel mit Rindfleisch hier eine besondere Rolle.

Der Goldrausch von 1863 im Cariboo-Gebiet brachte auch für Kamloops entscheidenden Aufschwung. Die „Overlanders", also alle die vom Osten, über Land, vom Gold angelockt wurden, machten hier Station und siedelten sich zum Teil an.

Heute bietet diese Stadt für den Reisenden eine gute Versorgungsbasis und ebenso eine große Auswahl an Übernachtungsmöglichkeiten. Wenn nötig, kann man hier auch Reparaturen am Fahrzeug ausführen lassen. Uns wurde in einem Servicebetrieb für Wohnmobile eine defekte Dachluke schnell und fachmännisch repariert.

Am Westrand von Kamloops, nahe bei der Abzweigung des TC, liegt ein großes Einkaufszentrum. Hier ist auch ein Tourist Information Office. Die Geschichte der Stadt und ihrer Bewohner lernt man am besten im Kamloops Museum, Seymour Street, kennen. Waffen, Gebrauchsgegenstände, auch ein Blockhaus aus Pioniertagen, geben eine Vorstellung von den damaligen Lebensverhältnissen.

Hinter Kamloops empfängt uns wieder die braune Steppenlandschaft.

Farbiger wird es beim Kamloops Lake, den der Thompson durchfließt. Die bewässerten Flächen bilden am See entlang einen bunten Saum. Sobald wir den See hinter uns gelassen haben, dominiert wieder das goldene Braun der Steppe, ja der Halbwüste mit dem typischen Bewuchs der Sagebrushes, dem Wüstensalbei.

Hitze und Wüste in Kanada! Das hatten wir nicht erwartet! Verbinden sich doch unsere Vorstellungen von diesem nördlichen Land mit hohen Bergen, eisigen Gletschern, kühlen Gebirgsseen und unermeßlichen, grünen Wäldern. Wie kommt es in diesen Breiten zu solchen Extremen?

Vielleicht erinnern wir uns noch an die Landkarte von Nordamerika aus unserer Schulzeit. Darauf sah es so aus, als wenn die Rocky Mountains dicht am Meer lägen. Spätestens jetzt merken wir, daß dieser Eindruck nicht richtig war. Die Rockies trennt ein Streifen von mehreren hundert, ja tausend Kilometern Breite vom Pazifik! Und nicht nur das, bis wir endlich an die Strände des Meeres kommen, müssen wir noch einen Gebirgszug überwinden, der womöglich noch schroffer und steiler ist, als das große Felsengebirge! Deutlich machen das zwei markante Berge. So ist der rund 250 km nordwestlich von Vancouver, im Küstengebirge gelegene Mount Waddington 4016 m hoch. Dagegen erreicht der Mount Robson als höchster Berg in den kanadischen Rokkies „nur" eine Höhe von 3954 m!

Beide Gebirgssysteme durchziehen den gesamten nordamerikanischen Kontinent. Sie trennen sich in Mexico, bilden das sogenannte Große Becken, und vereinigen sich erst hoch im Norden, in Alaska, wieder, wo sie mit dem 6190 m hohen Mount McKinley im wahrsten Sinn des Wortes ihren Höhepunkt haben. Während die Rocky Mountains ihren Namen über die Landesgrenze hinweg beibehalten, haben die Küstenberge verschiedene Bezeichnungen. Der Grund dafür könnte darin liegen, daß sie durch Flußtäler getrennt sind, welche die dahinter liegenden Hochebenen entwässern. Im Süden sind sie als Sierra Nevada bekannt, in Washington heißen sie Kaskadengebirge und auf kanadischem Gebiet schlicht und einfach Küstengebirge.

Und genau dieser Gebirgsstreifen an der Küste ist verantwortlich für die Trockenheit der dahinter liegenden Ebenen.

An seiner Westflanke müssen die Wolken, die sich auf ihrem weiten Weg über den Ozean mit Feuchtigkeit voll gesogen haben, aufsteigen und kühlen ab. Dabei erreichen sie den Kondensationspunkt und regnen aus. Dadurch ist

die Niederschlagsmenge auf der Westseite der Berge bis zu zehnmal größer
als auf der Lee- oder Ostseite!

Kein Wunder also, wenn wir hier Trok-
kengebiete haben.

Die bekannteste dieser Steppen und
Halbwüsten ist das Death Valley, da die
weltbekannten Spieler- und Schei-
dungsstädte Las Vegas und Reno in der
Nähe liegen, die Millionen von Menschen anlocken. Der Trockengürtel
aber setzt sich weit nach Norden, bis
nach Kanada hinein, fort.

Der Thompson River nimmt seinen
Weg in einem tief eingeschnittenen
Bett. Sein immer noch hellgrünes Was-
ser säumen kahle, steile Böschungen.
Das Land ringsumher ist fruchtbar,
wenn ihm nur das lebenspendende
Wasser zugeführt wird.

Bewiesen wurde das schon vor dem Ersten Weltkrieg bei dem Ort Walhachin,
was im Indianischen „Land des Über-
flusses" bedeutet.

Ein englischer Adeliger, ein Marquis
von Anglesey, der Geld besaß und wohl
auch einen gehörigen Schuß Abenteu-
erblut in seinen Adern hatte, führte
1907 eine Gruppe von Siedlern aus seiner Heimat Wales in diese Gegend. Mit
viel Arbeit und guten Dollars baute
man ein ausgeklügeltes Bewässerungs-
system und sehr bald verwandelte sich
die Steppe in ein grünes Paradies. Obst-
bäume wurden gepflanzt, Felder und
Wiesen angelegt und alles trug reiche
Frucht. Die nahe Eisenbahn transpor-
tierte die Erträge zu den Abnehmern an
der Westküste und alles entwickelte
sich bestens.

Da brach der Erste Weltkrieg aus und
auch im fernen Kanada, das ja ein briti-
sches Dominium war, erreichte die
wehrfähigen Männer die Einberufung.
Über 90 Prozent mußten für die briti-

*Rast im Fraser
Valley.*

sche Krone in den Krieg ziehen. Keiner kehrte zurück! Die wenigen verbliebenen Männer und die Frauen und Kinder konnten das Werk nicht erhalten und zogen nach und nach fort. Der Natur überlassen, nahm bald die Steppe den Ort wieder in ihren trockenen, braunen Besitz.

Heute künden nur noch einige zerfallene Hütten und die Reste der Wasseranlage von der blühenden Episode.

Vom Platz dieser tragischen Geschichte sind es nur noch 16 km nach Cache Creek, das wir als Tagesziel für heute ausgewählt haben.

Hier verläßt uns die bekannte Straße 97, die von Monte Creek an für 130 km eine Ehe mit unserem TC eingegangen war, und führt nach Norden, während der Trans Canada im Tal des Thompson in die entgegengesetzte Richtung strebt. Man trifft sich, geht eine Weile einen gemeinsamen Weg und trennt sich wieder. So ist das auch mit den Straßen! Es ist spätnachmittag geworden, als wir Cache Creek erreichen.

Wir biegen im Ort rechts ab und fahren auf der 97 noch 4 km. Der Campingführer versprach mit dem „Cache Creek Campground" einen gut ausgestatteten Platz mit geheiztem Schwimmbad, Whirlpool, car wash, Münzwaschmaschinen, full hookups usw. Wir finden einen schattigen, aber staubigen Platz, der sich abschüssig entlang des flachen, Inseln bildenden Creek erstreckt. Wir spülen den Schweiß und den Staub des heutigen, heißen Tages in der Dusche ab und beschließen den Tag im Swimming Pool, bis die Sonne blutrot hinter den Bergen versunken ist und sich die gezackte Höhenlinie scharf und schwarz, wie ein Scherenschnitt, in der klaren Luft gegen den hellen Horizont abzeichnet.

Zum Namen Cache Creek und seiner Entstehung gibt es eine Geschichte. Zur Zeit des Cariboo-Goldrauschs (um 1870) soll ein Mann einen Goldtransport überfallen und auf der Flucht vor dem Sheriff hier versteckt haben (Cache = Versteck). In jenen unsicheren Zeiten gab es viele Gründe, die Pläne vereiteln konnten und so kam der Räuber nie zurück und das Gold wartet noch heute auf seinen Entdecker!

Cache Creek

356 km östlich Vancouver an Kreuzung TC mit Hwy 97
460 m, 1100 Einwohner, trockenheißes,
wüstenähnliches Klima

Camping:	*Cache Creek Campground, 4 km nördl. am Hwy 97 gute Ausstatung,* **457–6414**
Motel:	*Slumber Lodge, 1085 Trans Canada Highway* **1–800–663–2831** *(gebührenfrei)*
Information:	*Cache Creek Infocentre, Box 460 Cache Creek, B. C., V0K 1H0*
Highlights:	*Adams River (z.Zt.des Lachslaichens) Kamloops Museum, Seymour Street Walachin, Ghosttown*
Entfernung:	*Sicamous – Cache Creek 217 km*

Für die ersten 85 km des heutigen Tages begleiten wir den Thompson in seinem Tal bis zur Mündung in den Fraser. Das Thompson Tal muß neben dem Trans Canada, auch noch die Schienen der CPR aufnehmen.

Der Fluß hat sich abseits der Straße einen tiefen Canyon in den steinernen Grund geschürft. Dann wieder drängen

Simon Fraser, ein Mann und sein Fluß

sich die Verkehrswege eng zusammen. Die Straße muß durch Überdachungen bzw. Tunnel geschützt werden.

Bei Ashcroft fällt uns ein Schild auf mit der Aufschrift „Goldrush Trail". In unregelmäßigen Abständen wird der Reisende so an die 60er Jahre des vorigen Jahrhunderts erinnert, als Zehntausende von Goldsuchern auf dieser Route nach Barkerville strömten.

Ashcroft war damals eine wichtige Versorgungsstation.

Spences Bridge heißt der nächste Ort. Th. Spences hat hier 1864 die erste Brücke über den Thompson gebaut und damit Cook's Ferry, mit der die zahlreichen, zu den Goldfeldern eilenden Abenteurer übergesetzt wurden, überflüssig gemacht. Von Spences Bridge aus werden Schlauchboottouren (Raft Trips) angeboten. Die Firma Kumsheen, Lytton, verlangt für eine 3 stündige Fahrt von Big Horn nach Lytton (3o km) 74 $. Eine Tagestour(40 km) von Spences Bridge nach Lytton, über

30 Stromschnellen, kostet inclusive Lunch Buffet 99 $.(1991)

Nördlich Lytton, nach dem britischen Schriftsteller und Politiker Edward Bulwer-Lord Lytton (1803–1873), genannt, mündet der Thompson in den Fraser-River.

Simon Fraser war einer der harten, ehrgeizigen Männer, die, im Auftrag ihrer Pelzhandelsgesellschaften, den kanadischen Westen erschlossen. Sie führten ein entbehrungsreiches Leben und verlangten von sich und ihren Begleitern manchmal übermenschliche Leistungen! Gefahren lauerten in dieser unerschlossenen Wildnis überall. Bären, Wölfe, Pumas und Vielfraß waren damals noch viel zahlreicher als heute. Das Wetter konnte zu jeder Jahreszeit für Überraschungen sorgen und auch die Indianer, mit denen man zwar in der Regel ein gutes Verhältnis hatte, waren unberechenbar.

Für dieses Leben brauchte man große Erfahrung, denn die Wildnis bestraft jeden Fehler unbarmherzig!

Frasers Eltern stammten aus Schottland. Sein Vater war als Soldat nach Vermont (heute Staat der USA) ausgewandert. Er kämpfte gegen die Truppen von George Washington, kehrte aber aus diesem Krieg nicht zurück. Seine Witwe wollte mit den Republikanern nichts zu tun haben und floh mit ihren neun Kindern nach Kanada, wo sie sich in der Nähe von Montreal niederließ. 1793, im Alter von 16 Jahren, trat Fraser als Angestellter in die Dienste der zweiten großen Pelzhandelsgesellschaft, der North West Company, ein.

1802 wird er als Partner seiner Company in den fernen Westen geschickt. Dort errichtet er bei Hudson's Hope am Peace River einen Handelsposten. Er nennt ihn Rocky Mountain Portage, weil man an dieser Stelle die Stromschnellen des Peace nicht befahren konnte, sondern die Kanus und ihre Ladung herumtragen mußte.

Dieser Posten ist die erste weiße Ansiedelung im heutigen British Columbia.

Lange hält es Fraser aber nicht an seinem Handelsposten am Peace.

Ihm war bekannt, daß Sir Alexander Mackenzie, der große Entdecker, bereits am 22. Juli 1793 Bella Coola, ein Ort am Ende des tief in das Festland vorstoßenden Fjordes, dem heutigen North Bentinck Arm, erreicht hatte. Im Dezember 1805 hatten Merriwether Lewis und William Clark mit 51 Begleitern, vom Missouri aus, über den Snake und endlich am Columbia River entlang, dessen Mündung erreicht.

Auch damals ging es schon darum, sich Macht und Einfluß in möglichst großen Gebieten zu sichern. Die schon erwähnten mächtigen Pelzhandelsunternehmen fürchteten, die Amerikaner könnten ihre Ansprüche nach Norden erweitern.

Lachstreppen am Hell's Gate.

61

**Simon Fraser,
ein Mann
und sein Fluß**

*Der ungezähmte
Fraser.*

Im Frühjahr 1806, sobald das Eis der Flüsse und Seen aufgebrochen war, machte sich Fraser auf, den Peace aufwärts, zum MacLeod Lake.

Von dort suchten sie einen Weg nach Süden und stießen auf den Oberlauf des Fraser, von dem sie annahmen, es sei der Columbia.

Beim heutigen Prince George kamen sie an die Einmündung des Nechako und erreichten Ende Juli den langgestreckten Stuart Lake.

Fraser gab dem See den Namen seines jungen Begleiters, John Stuart.

Man baute am Ufer sofort eine Festung und nannte sie Fort St.James. Dieses inzwischen vergrößerte und teilweise rekonstruierte Fort kann man heute besichtigen.

Simon Fraser war von der Idee besessen, den „Columbia", wie er meinte, bis zu seiner Mündung in den Ozean zu erforschen. Dazu aber brauchte er Geld, denn eine solche Expedition muß gut ausgerüstet werden und auch die Begleiter wollen ihren Lohn.

Er schrieb also im Sommer 1806 an die Herren seiner Company nach Montreal und bat um den Auftrag, den Fluß bis zur Mündung zu erkunden und ihm die nötige Ausrüstung, Tauschwaren und Waffen mit der nächsten Kanuflotte in den Westen zu schicken.

Der Erfolg von Lewis und Clark hatte sich bis Montreal herumgesprochen. So Die Sorge vor dem Verlust von Einfluß unterstützte die Entscheidung. Sofort im nächsten Frühjahr schickte man unter Führung des erfahrenen Frankokanadiers Maurice Quesnel mehrere Kanus mit allem Nötigen auf die lange Reise. Im Herbst 1807 traf die kleine Flottille in Fort St. James am Stuart Lake ein. Ein Schreiben enthielt den Auftrag, alles menschenmögliche zu tun, den Strom in seiner vollen Länge zu erkunden.

Vermutlich wäre Fraser sofort aufgebrochen. Dazu war es jedoch für dieses Jahr einfach zu spät. Die Zeit reichte aber noch, um an der Mündung des Nechako einen neuen Posten zu errichten, dem man den Namen Fort George gab.

Am 22. Mai 1808, des Eis des Winters und das Frühjahrshochwasser waren verschwunden, glitten mit Sonnenaufgang vier Kanus auf den Fluß hinaus.

Mit Fraser waren Maurice Quesnel, John Stuart, 19 frankokanadische Voyageurs, wie man die kräftigen Ruderer nannte, und zwei Indianer als Dolmetscher an Bord.

Das damals gebräuchliche Verkehrsmittel war das indianische Rindenkanu.

Es war leicht und doch relativ stabil. Gebaut wurde es aus Material, das überall in der Natur vorkam: die Haut bestand aus Birkenrinde, die mit Pflanzenfasern zusammen genäht und mit Baumharz abgedichtet wurde. Den Bootskörper baute man aus biegsamen, elastischen Ästen und verstärkte ihn am hochgezogenen Bug und Heck mit Hölzern. Der Boden war mit Brettern ausgelegt. Schäden konnten auf diese Weise überall, also auch Mitten in der Wildnis, ausgebessert werden. Das nötige Material dazu fand sich überall.

Die im Westen gebräuchlichen Kanus waren 8 m, die Montreal-Kanus im Osten sogar 12 m lang. Die Ruderer knieten auf beiden Seiten neben der Bordwand. Im Heck saß der Steuermann, der das Gefährt mit dem größeren Steuerpaddel lenkte.

Nur wer diese einfachen Fahrzeuge einmal in einem Museum gesehen hat und die Gewässer kennt, die mit ihnen bezwungen wurden, kann sich ein vages Bild davon machen, welche Wagnisse diese Männer immer wieder eingingen!

Fraser und seine Begleiter wußten nicht, was ihnen bevorstand, sonst hätten sie diese Reise vermutlich nicht unternommen.

Zunächst ging auch alles glatt. Der Strom zeigte sich friedlich.

Der erste größere Fluß, der von Osten einmündete, wurde „Quesnel River" getauft, als Dank für den Begleiter, der die Reise von Montreal aus vorbereitet hatte. Bei den Indianern, die am Fluß wohnten, erregten die Kanus beträchtliches Aufsehen. Sie waren jedoch friedlich und bestaunten die Donnerbüchsen, die zur Demonstration gelegentlich abgefeuert wurden. Die Eingeborenen kannten die Gefährlichkeit des Stroms und warnten die Weißen eindringlich, ihre Reise zu Wasser fortzusetzen. Fraser ließ sich nicht beirren und schlug alle Warnungen in den Wind.

Unterhalb von Soda Creek, etwa 15 km nördlich von Williams Lake, stießen sie auf die erste Serie von Stromschnellen. Fraser beschreibt die Situation am 1. Juni 1808 in seinem Tagebuch: „An diesem Morgen waren wir alle zu früher Stunde fahrbereit. Mr.Stuart, ich selbst und sechs meiner Leute machten sich am Ufer entlang auf, um zu sehen, was es mit den Stromschnellen auf sich habe. Wir fanden sie etwa 2 Meilen (3,2 km) lang mit hohen und steilen Uferbänken, die den Flußlauf an vielen Stellen auf 40 bis 50 Yards (36 bis 45 m) zusammendrückten. Die ungeheure Wassermenge drängte sich durch diese Enge auf eine turbulente Weise, wobei sich viele Strudel und Kaskaden bildeten und ein mächtiger Lärm entstand, was einen höchst abstoßenden Eindruck vermittelte."

Da die Uferberge zu hoch waren, um die Kanus über Land zu tragen, postierte man 3 Leute am unteren Auslauf der Schnellen und beschloß, die Boote durch den Engpaß zu schicken. Aber schon das erste Boot, obwohl nur leicht beladen und mit fünf der besten Ruderer besetzt, erlitt Schiffbruch. Es wurde herumgewirbelt, geriet außer Kontrolle und schleuderte auf einen Felsen. Die Besatzung ging über Bord, hielt sich aber noch am Boot fest. Die Gefährten sahen vom hohen Ufer aus die Tragödie, sie eilten zu Hilfe, indem sie sich – immer wieder mit ihren Jagdmessern sich abstützend – den steilen Geröllhang hinunterließen. Unten gelang es ihnen, ein Seil am Boot festzumachen und es gemeinsam mit der Besatzung zu retten.

Es dauerte drei Tage, bis Boote und Ladung um die Stromschnellen herumgetragen wurden. Wieder rieten die Bewohner ab, mit den Booten weiterzufahren. Stromab befänden sich noch viel reißendere Schluchten. Fraser blieb jedoch stur bei seinem Auftrag, den Wasserweg zu erkunden und fuhr weiter. Bald rückten die steilen Ufer wieder enger zusammen und zwangen die Wasser zu immer wilderer Eile. Sollte man anhalten und wieder tagelang alles über die Berge schleppen? Die Voyageurs nahmen das Risiko in Kauf und schossen durch die schäumenden Strudel. Die Boote schlugen halb voll Wasser und mußten beim nächsten, etwas ruhigerem Wasser an Land gebracht werden.

Zwischen dem heutigen Lillioet und Lytton gaben selbst die zähen Voyageurs auf. Sie versteckten die Boote am Ufer und suchten einen Weg über Land. Die Männer banden sich die Ladung auf dem Rücken fest und begannen eine

65

unsagbare Plackerei durch die unpassierbar erscheinenden Uferberge. Fraser schreibt: „Diese Tragestrecke von etwa zwei Meilen Länge zerfetzte unser Schuhwerk, unsere Füße bedeckten sich mit Blasen und Wunden."

Am 19. Juni erreichten sie den Zusammenfluß von Thompson, der von Fraser so genannt wurde, und Fraser River, also genau den Punkt, den auch wir jetzt erreicht haben!

Die größte Herausforderung stand Fraser und seinen tapferen Begleitern aber erst noch bevor. Der Lauf des Wildwassers verengte sich zu einer schmalen Schlucht, in der tief unten die Wassermassen ungebändigt kochend tosen und selbst Lachse auf den Felsen zerschmettern! Nicht einmal die hier geborenen Indianer wagten es, dieses schäumende, gichtende Band zu befahren. Sie hatten sich aus dünnen Stämmen, Steigleitern, Strickleitern und Seilen eine Art Pfad angelegt. Aber lassen wir Fraser selbst noch einmal zu Wort kommen: „Hier also hatten wir unsere Lasten zu schleppen zwischen losem Gestein über die Flanken steiler Hügel, zwischen doppelten Abgründen. Wir mußten schwindelnd hoch hinaufsteigen; zur höchsten Höhe war ein völlig senkrechter Anstieg zu überwinden. Einer der Indianer kletterte nach oben, warf uns ein langes Seil zu und zog uns einen nach dem anderen hinauf. Das nahm drei Stunden in Anspruch. Dann ging es weiter die Berge hinauf und hinunter, an steilen Hängen entlang, wo der überhängende Felsen und weit vorstoßende Klippen, immer über dem Abgrund den Fluß hinunter, zuweilen nur so schmalen Durchlaß gewährten, daß eine einzelne Person sich kaum vorbeidrücken konnte. Viele der Eingeborenen, die uns von unserem letzten Nachtlager begleiteten, machten sich in dieser äußerst schwierigen Situation sehr nützlich. Sie bewegten sich mit schweren Lasten selbst dort noch unverzagt vorwärts, wo wir es für ratsam hielten, sogar unsere Gewehre von Mann zu Mann weiterzureichen, und wo wir uns äußerster Vorsicht zu befleißigen hatten, um auch nur unbeschwert und einzeln voranzukommen."

Diese Höllenschlucht wurde glücklich überwunden. Man besorgte sich wieder Boote und erreichte ein Indianerdorf an der Stelle des heutigen Vancouver. Die Bewohner zeigten sich wenig freundlich und da der Proviant zur Neige ging, mußte man den Rückweg antreten, ohne den Ozean gesehen zu haben. An der Mündung bestimmte Fraser den Standort und stellte fest, daß er sich zu weit nördlich befand, als dies die Mündung des Columbia sein konnte!

Tief enttäuscht schreibt er in sein Tagebuch: „Dieser Fluß ist also nicht der Columbia, wenn ich davon schon überzeugt gewesen wäre, als wir unsere Kanus aufgaben, wären wir sicherlich umgekehrt."

Die Leistung dieses Mannes, der mit unglaublicher Zähigkeit und Durchsetzungsvermögen einen der wildesten Flüsse der Erde bezwungen hat, bleibt ungeschmälert und es bleibt auch sein Verdienst, daß er alle seine Getreuen wieder heil und gesund zurückgebracht hat!

Am 5. August 1808 trafen sie wieder in Fort George ein.

Der rege Verkehr auf unserem Highway, der hier, wenigstens streckenweise, wirklich ein „Hoher Weg" ist, wenn er sich hoch über dem Fluß an den Abgrund der senkrecht aufragenden Felswände schmiegt, läßt die Stra-

pazen eines Fraser und seiner Männer bald vergessen. Die Straße, die dem Canyon des Flusses mal höher, mal tiefer über seinem braunen, aufgewühlten Wasser folgt, erfordert die Aufmerksamkeit des Fahrers. Vor einer Baustelle bildet sich ein Stau. Die erste Trasse dieser Straße wurde 1861–63 unter Leitung und mit Hilfe von britischen Pionieren erbaut. 5 km nördlich von Yale erinnert an einem „Stop of Interest" eine Tafel an die 165 Männer und den Bau der „Cariboo Waggon Road".

„Es war eines der schwierigsten Bauvorhaben im ganzen britischen Empire, aber die Kolonie brauchte die Straße zu den Cariboo-Goldfeldern. Von 1861 bis 1863 vermaß und leitete die kleine Truppe von Königlichen Pionieren, die von England hergesandt wurde, den Bau dieser 400 Meilen langen Straße. Ihr Motto lautete: "Wohin Recht und Ruhm führen".

Leutnant Palmer von den Königlichen Pionieren schrieb in einem seiner Berichte: „Es ist schwer, geeignete Worte zu finden, die den äußerst schandbaren

Blick über das untere Fraser Valley.

Zustand der Cariboo-Wege beschreiben, die alle Arten von Reisenden gleich fürchten; jäh ansteigend oder abfallend, schlüpfrig, umgestürzte Bäume, überhängende Zweige, Wurzeln, Felsen, Sümpfe, Strudel und meilenweit tiefer Schlamm".

Wir spüren nichts von diesen Unbilden. Bei der nächsten Gelegenheit halten wir an einem Aussichtspunkt hoch über der Schlucht. Der Blick in die Tiefe ist auch heute noch atemberaubend. Von tief unten klingt gedämpft das Rauschen des ungebändigten Fraser herauf. Die langen Züge der Eisenbahnen scheinen auf das Format von Miniaturbahnen geschrumpft.

Wir passieren Boston Bar, nach einem Goldsucher aus Boston benannt, der hier in einer Sandbank (Bar) fündig geworden ist.

Da wir uns wieder recht früh auf den Weg gemacht haben, erreichen wir unsere Hauptattraktion noch vor 10 Uhr. Das ist auch ratsam, denn wenig später kommt der erste von vielen Reisebussen des heutigen Tages und entläßt seine muntere Fracht.

Wir haben das Höllentor (Hell's Gate) erreicht. Der Parkplatz ist noch kaum besetzt und wir beeilen uns, um noch vor der Reisegruppe Fahrkarten für die Seilbahn zu kaufen, die uns 150 spektakuläre Meter tiefer, über den reißenden Fraser hinweg, zum anderen Ufer bringen soll. Die solide Qualität der aus der Schweiz stammenden Bahn dämpft ein wenig das mulmige Gefühl im Bauch, das wir haben, als wir über dem Abgrund schweben. Nur etwas mehr als 40 m Breite stehen hier den gurgelnden Wassermassen des Fraser zur Verfügung.

Darum mußte er sich an dieser Stelle ein besonders tiefes Bett fräsen. Als die

Canadian National Railways (CNR) 1914 einen Schienenstrang durch die Schlucht baute, verengte ein Felsturz den Fluß noch mehr. Jetzt war die Strömung so stark geworden, daß nicht einmal mehr die Lachse sie zu überwinden vermochten. Es mußten darum besondere Schleusen (Fishways) gebaut werden, in denen die Fließgeschwindigkeit geringer ist. Man kann die Tiere darin gut beobachten, wenn sie auf ihrem langen Weg zu ihren Laichplätzen sind. Im Andenkenladen wird auch ein Film über Lachse gezeigt. Ein Aussichtsrestaurant empfiehlt sich mit verschiedenen Lachsgerichten oder Steaks. Die Terrasse bietet Sitzgelegenheiten zum Essen und Sonnen. In der Hauptsaison und bei schönem Wetter ist es hier recht voll. Etwas unterhalb der „Hell's Gate Airtram" überspannt eine schmale Hängebrücke den Fluß.

Von hier aus und vom linken Ufer hat man einen schönen Blick auf den wilden Fraser, der an dieser Stelle 20 m tief ist, bei Hochwasser und zur Zeit der Schneeschmelze aber gut 35 m mißt.

Früher wurden auch durch den Fraser-Canyon Schlauchbootfahrten angeboten, nach einem schweren Unfall, bei dem mehrere Passagiere ertranken, wurden diese Touren jedoch eingestellt. Spuzum, die „freundlichste kleine Stadt der Welt" mit 93 Einwohnern, ist schnell durchfahren. Nördlich von Yale ist das Ende des fast 100 km langen Fraser Canyon erreicht. Yale hat heute nur noch 200 Einwohner. Zur Zeit des Cariboo-Goldrauschs hat der Ort jedoch eine bedeutende Rolle gespielt. Die HBC (Hudson's Bay Company) hatte hier 1848 ein Fort gebaut, das am alten HBC-Trail lag, der über Kamloops bis zum Fort Alexandria, nördlich von Soda Creek, führte. Zehn Jahre später, von 1858 an, war Yale die Endstation der Heckraddampfer, die fraseraufwärts von Fort Victoria auf Vancouver Island, Menschen und Material brachten. Von hier aus mußte der beschwerliche Marsch nach Norden zu Fuß angetreten werden.

Man kann in der Nähe die alte Alexandra Hängebrücke besichtigen, die 1863 gebaut wurde. 2,5 km südlich von Yale fand ein gewisser Hill Gold in einer Sandbank, die seitdem Hill's Bar heißt, und löste damit einen Run aus. Zu jenen Zeiten hatte Yale 100 mal mehr Einwohner als heute! Eine Geschichtstafel (Marker) weist Yale als „Birthplace of British Columbia" (Geburtsort von British Columbia) aus. Die 1859 gebaute Kirche ist das einzige, aus dieser Zeit noch existierende Gebäude.

3 km bevor wir Hope erreichen, biegen wir vom geschäftigen TC rechts ab und benutzen für eine Weile die ruhigere und landschaftlich schönere Straße Nr. 7. Hier öffnet sich endlich das Tal. Der Fraser hat wieder genügend Platz. Breit und fast ein wenig müde wandert er das letzte Stück dem Meer zu. Ein Rastplatz, etwas erhöht über dem Tal, bietet einen schönen Überblick über das fruchtbare Schwemmland. Nach 33 km zweigt nach Norden, also rechts, eine 6 km lange Straße ab, die Harrison Hot Springs, einen Erholungsort, mit der Nr. 7, auch Lougheed Highway genannt, verbindet. Harrison Hot Springs liegt am gleichnamigen, 95 km langen See. Heiße Schwefelquellen speisen Badebecken mit Heilwasser. An Sportmöglichkeiten werden neben Segeln, Angeln, Schwimmen und Wasserskifahren auch Reiten geboten. Mehrere

Alte Tankstelle im Wilden Westen

Hell's Gate.

gute Campingplätze laden zum Verweilen ein. Nach weiteren 6 km erreicht man von hier aus den Sasquatch Provincial Park.

Die Straße 7 geleitet uns weiter nach Westen. Bei Harrison Mills macht uns ein Wegweiser auf das interessante „Kilby General Store and Museum" aufmerksam. Diesem vollständig eingerichteten Kramladen aus der Jahrhundertwende ist ein kleines Museum angeschlossen, das zeigt, wie man damals gewohnt hat.

Zurück auf der Straße B.C.7, durchfahren wir als nächsten größeren Ort Mission, das seine Namen dem hiesigen Kloster, Westminster Abbey, verdankt.

In Albion verlassen wir die 7 und biegen nach links ab, zum Fraser River hinunter. Über eine Brücke gelangen wir auf eine schmale Insel, die der Fluß hier bildet. Den Hauptarm des Fraser überqueren wir mit einer kostenlosen Fähre. Am andern Ufer liegt Fort Langley National Historic Park. Das Gelände des 1827 von der HBC gegründeten Forts, ist mit allen Gebäuden original restauriert.

Ob Lagerhaus, Laden, Schmiede, Werkstatt und Wohn- und Verwaltungshaus, alle Häuser sind mit viel Liebe zum Detail nach dem früheren Zustand eingerichtet. Belebt werden sie durch Angestellte in historischen Kostümen. Z. B. wird dort Brot gebacken, das man auch probieren kann. Alles zusammen gibt einen realistischen Einblick in den Alltag vor 150 Jahren.

Von hier aus wurde gehandelt, mit den Indianern getauscht und die Waren verschifft. Hier, wie auch im Fort Kamloops, wurde bereits Anfang der 50er Jahre des vorigen Jahrhunderts den Indianern Gold abgekauft! Im Februar 1858 schickte die HBC, von Fort Victoria aus, mit dem Dampfschiff OTTER 800 Unzen Gold nach San Francisco zur dortigen Münze. Hier war man seit dem kalifornischen Goldrausch für Goldfunde sehr hellhörig. Obwohl die Goldsendung geheim gehalten werden sollte, machte der Leiter der Münze in geselliger Runde eine Bemerkung, es gäbe am Fraser Gold. Mit Windeseile sprach sich die Nachricht herum und löste einen Ansturm auf jedes Schiff, und sei es ein noch so verrosteter Seelenverkäufer, aus. Jeder wollte der Erste am Fraser sein. Der erste Schaufelraddampfer, die COMMODORE, legte bereits am 25. April 1858 mit 450 Mann in Victoria an. Die Leute erkundigten sich in Fort Langley nach Goldfundstätten, wurden dort aber ohne Antwort abgewiesen. Den Ersten folgten immer

Kilby General Store and Museum.

Fort Langley.

Im Lagerhaus des Forts.

71

mehr abenteuerliche Gestalten und auf Dauer ließ sich das Geheimnis nicht bewahren.

Die Flut der amerikanischen Goldsucher riß nicht ab. Man befürchtete, die Amerikaner könnten territoriale Ansprüche stellen und darum erklärte der Gouverneur von Vancouver Island, James Douglas, kurzerhand das Gebiet als „British Columbia" zur englischen Kronkolonie und ließ sich vom Richter Begbie als Gouverneur vereidigen. Diese Zeremonie erfolgte am 19. November 1858 hier in Fort Langley!

Von Fort Langley aus benutzen wir wieder unseren alten Freund, den TC, für die letzten 40 km nach Vancouver. Schon bald kommen wir durch die ersten, noch flach bebauten Vororte. Eine Brücke überquert den Fraser noch einmal und dann ist die Innenstadt mit ihren Wolkenkratzern auch schon nah. Wir bleiben auf dem TC, der direkt durch die City führt und orientieren uns Richtung Vancouver North. Von der Georgia Street aus sehen wir rechts den Yachthafen.

Wir fahren durch den Stanley Park und über die angrenzende, die Hafeneinfahrt hoch überspannende Brücke, die Lions Gate Bridge.

Direkt unter dem nördlichen Ende der Brücke liegt unser heutiges Ziel, der Capilano RV Park. In der Hauptsaison ist eine vorherige Anmeldung dringend geraten. Auch wir hatten uns hier vorher telefonisch angemeldet, sonst hätten wir wohl keinen Platz mehr bekommen, denn der Campingplatz war am späten Nachmittag bereits fast voll! Er ist zwar etwas laut, aber das sind die meisten Plätze nahe einer Großstadt. Er hat aber den Vorteil, daß man von hier aus gut den Stanley Park und auch die Innenstadt zu Fuß erreichen kann,

außerdem gibt es eine Bushaltestelle nahe beim Platz.

Wir richten uns für zwei Tage ein und freuen uns darauf, am nächsten Tag Vancouver zu entdecken.

Fraser Valley

Fraser Canyon zwischen Lytton und Hope, 105 km lang

Visitors Centre:	*Hope Travel Infocentre, 919 Water Ave. Hope BC, VOX 1 LO* **869–2021**
Camping:	*Hope KOA Kampground, 5 km westl. Hope Von Ausfahrt 165 TC 3 km auf der Hope Flood Road* **869–9857**
	Sasquatch Springs RV Resort 400 Hot Springs Road, Harrison Hot Springs VOM 1 KO **796–9228**
Motel:	*Swiss Chalets Motel, 465 Trans Canada Hwy. Box 308 Hope VOX 1 LO* **869–9020**
Highlights:	*Spences Bridge, Schlauchbootfahrten Hell's Gate Airtram Harrison Hot Springs Kilby General Store and Museum Fort Langley National Historic Park*
Entfernung:	*Cache Creek – Vancouver 356 km*

Im Westen des nordamerikanischen Kontinents, beide an den Gestaden des Pazifischen Ozeans gelegen, wetteifern zwei Städte um die Gunst, die Schönste genannt zu werden. Und man kann tatsächlich darüber streiten, ob nun San Francisco oder Vancouver die Schönere von beiden ist. Die Stadt auf den Hügeln am Golden Gate, der

Vancouver, die Perle am Pazifik

schmalen Einfahrt in die Bucht von San Francisco, die übrigens von See her lange Zeit unentdeckt blieb, hat zweifellos ihr eigenes, unverwechselbares Flair.

Vancouver ist dagegen von der Natur besonders verwöhnt. Im Westen wird es durch die Strait of Georgia, die das Festland von Vancouver Island trennt, begrenzt. Die südliche Grenze der Stadt bildet der Fraser River und im Norden ragen, fast unvermittelt, die Küstenberge von Meereshöhe bis auf etwa 1500 m hoch auf und bilden für die Stadt eine grandiose Kulisse.

Schon im 16. Jahrhundert, also weniger als hundert Jahre nach der Wiederentdeckung Amerikas durch Columbus im Jahre 1492, segelten Spanier und auch Engländer, wie Sir Francis Drake (1579), an der Pazifikküste entlang bis zur Höhe von San Francisco. Ob er auch Vancouver Island erreichte, ist nicht sicher überliefert.

Captain James Cook erforschte auf sei-

ner Weltumsegelung 1778 die Küste bis nach Alaska hinauf. Vorher hatte er Hawaii entdeckt.

Er legte auch beim heutigen Victoria an und handelte mit den Indianern. Captain George Vancouver umrundete und kartographierte später Vancouver Island und erklärte 1792 die Region als Besitz des englischen Königs. Er segelte aber bald wieder ab und hinterließ nur eine britische Fahne als Zeichen für den Anspruch.

Simon Fraser kam 1808 bis an die Mündung des Fraser.

Wie wir gehört haben, machte er sich aber bald wieder auf den Rückweg. 1843 gründete James Douglas, als Niederlassung der Hudson's Bay Company, das Fort Victoria. 15 Jahre später kommen hier, angelockt von der Nachricht der Goldfunde am Fraser, die ersten Abenteuerer aus Kalifornien an. Unter ihnen sind viele Chinesen. Weitere Chinesen kommen als Arbeiter zum Bau der Eisenbahn ins Land.

1866 wurden die beiden Kolonien Vancouver Island und British Columbia unter dem Namen British Columbia vereinigt. New Westminster, südlich des heutigen Vancouver am Fraser gelegen, wurde zur Hauptstadt. Allerdings blieb sie es nur zwei Jahre.

Schon 1868 (am 25. Mai) setzte sich das ältere Victoria durch und ist bis heute die Hauptstadt der westlichsten Provinz Kanadas.

Als Stadtgründer gilt John Deighton, genannt „Gassy Jack" (der geschwätzige Jack), der 1867 in der Gegend der heutigen Water Street am bewaldeten Ufer des Burrard Inlet mit seinem Kanu anlegte. Seine indianische Frau begleitete ihn und in seinem Gepäck hatte er ein großes Faß Whiskey. Er baute ein Blockhaus und eröffnete darin einen

Saloon. Goldsucher, Holzfäller und Eisenbahnarbeiter waren seine ersten Gäste. Bald florierte das Geschäft so gut, daß er noch ein Hotel baute. Man hat ihm an dieser Stelle ein Denkmal gesetzt, das Gassy Jack auf dem Whiskeyfaß stehend zeigt, das seinen Erfolg begründete.

Von unserem Campingplatz aus, dem Capilano RV-Park, machen wir uns heute auf zum ersten Erkundungsgang. Direkt vor unserer Nase, auf der anderen Seite des Burrard Inlet, liegt der herrliche Stanley Park. Wir steigen zur Lions Gate Bridge, der 1939 erbauten Hängebrücke, auf und gehen auf ihr, 70 m über dem Wasser, zum anderen Ufer. Schon von der Brücke aus erfreut uns die schöne Aussicht über Nordvancouver, die Küstenberge und den Hafen.

Vielleicht fährt gerade ein großer Frachter unter uns durch diese First Narrows in den Hafen ein.

Vom nahen Prospekt Point bietet sich noch einmal ein Blick über die Brücke und Berge, aber auch nach Westen zum Lighthouse Park.

Hier treffen wir schon auf einen Totem Pole. Wir werden später noch mehr davon sehen.

Der Stanley Park, 404 Hektar groß und 1889 vom damaligen Governor General of Canada, Lord Stanley, der Öffentlichkeit übergeben, erinnert an eine Landschaft, wie sie über Jahrtausende an der Küste zu finden war. Dichte Urwälder, von der Feuchtigkeit des Meeres verwöhnt, bedeckten mit riesigen Lebensbäumen und Douglas-Tannen, umrangt von kletternden Schmarotzerpflanzen, das Land. Kleine Seen und Teiche lockerten den Wald hier und da auf.

Ihre Oberflächen waren teilweise mit

Hotel Vancouver.

Die Lions Gate Bridge überspannt die Einfahrt zum Hafen von Vancouver.

Wasserpflanzen wie Seerosen oder Seelilien bedeckt. Rund 80 km Wanderwege und ein Scenic Drive erschließen heute den Park.

Bei unserem Aussichtspunkt ist auch ein Coffee Shop und der unvermeidliche Andenkenladen (Gift Shop). Wir wenden uns nach rechts, zur Westküste der Halbinsel. Ein Stück weiter führt ein Pfad zum Siwash Rock. Dieser aufrecht stehende Felsen ragt einige Meter vor dem Strand aus dem flachen Meer. Eine kleine, vom Sturm zerzauste Tanne klammert sich auf seiner Oberfläche fest. Indianer sahen in dem Felsen die Gestalt einer Göttin. Die nächste Station ist der Third Beach, einer von mehreren Stränden, an denen sich im Sommer Einheimische und Fremde erholen. Von hier aus bietet sich ein Ausblick auf die Strait of Georgia und, bei klarer Sicht, auch auf die Berge der Vancouver Insel, die diesen Teil der Küste vor den ungezügelten Stürmen und Wellen des Pazifiks schützt. Beim Ferguson Point stoßen wir auf ein schön gelegenes Tea House, in dem man gut essen kann. Unser Weg wendet sich nun nach Osten und führt uns zum Second Beach, zu dem auch ein Swimming Pool gehört.

Dieser Strand liegt nur wenige hundert Meter vom Rand der Innenstadt entfernt! Die Lost Lagoon, ein Vogelschutzgebiet, liegt zwischen der Innenstadt und dem Stanley Park. Wir sind inzwischen etwa 5 km gewandert und freuen uns, als wir östlich der Lost Lagoon einen Fahrradverleih entdecken. Hier mieten wir uns Drahtesel und setzen unseren Weg auf zwei Rädern fort, was unsere Füße dankbar registrieren. Wir kreuzen die vielbefahrene Georgia Street und biegen rechts auf die Einbahnstraße des Scenic Drive ab. Vor

der Kulisse der Wolkenkratzer entzükken uns die vielen bunten Boote des Yacht- und Ruderklubs. Früher wurden hier Kohlen verladen (darum noch Coal Harbour). Das Bild war seinerzeit vermutlich weniger farbenfroh. Nachdem wir das Gebäude des Ruderklubs passiert haben, stoßen wir auf einen Radweg (Bike Route). Beim Weiterradeln sehen wir im Hafenbecken eine Insel, Deadmans's Island. Ein Damm führt zur Insel hinüber, an dessen Eingang steht ein Schilderhaus, bewacht von einem Marinesoldaten.

Die Insel hat sich die Marine vorbehalten. Auf ihr wird auch die H.M.C.S. DISCOVERY aufbewahrt, mit der George Vancouver 1792 dieses Gebiet erreichte. Der Name der Insel beruht auf einer alten, indianischen Sage, nach der 200 Krieger der Squamish-Indianer ihr Leben im Tausch gegen ihre von einem feindlichen Stamm gefangen gehaltenen Frauen und Kinder gaben.

Gleich die nächste Sehenswürdigkeit erinnert uns wieder an die indianische Geschichte dieses Landes. Links von uns sehen wir eine Gruppe von unterschiedlich großen Totempfählen mit verschiedenen Motiven und Farben. Die Totempoles wurden aus verschiedenen Dörfern geholt und hier aufgestellt. Es sind Originale. Man erkennt mehrere Tiermotive wie wie Grizzlybären oder den Thunderbird, den Donnervogel, der als Naturgeist für Blitz und Donner steht. Nur wenige Meter davon entfernt schnitzen zwei junge Indianer aus einem großen Zedernstamm einen neuen Totem Pole. Am Hallelujah Point haben wir ein großartiges Panorama vor uns. Der Blick schweift über das Hafenbecken hinauf zum Grouse Mountain, dann rechts zu den neuen

Bauten der Weltausstellung von 1986, dem Canada Place mit den charakteristischen Segeln, die an die Zeiten der Entdecker erinnern sollen, bis zur Skyline der City.

Nur 300 m weiter steht am Scenic Drive eine alte Kanone aus dem Jahre 1816. Sie stammt aus England und ist die sogenannte Nine O'Clock Gun. Früher wurde sie abends um 6 Uhr abgefeuert, um den Feierabend anzuzeigen. Heute ertönt ihr Knall jeden Abend um 9 Uhr über den Hafen bis zur Innenstadt.

Die nördliche Spitze der Halbinsel bildet der Brockton Point Lighthouse. Der Leuchtturm markiert den Schiffen den Weg in den Hafen. Gegenüber sehen wir einen Teil des Hafens mit Kränen, Verladeanlagen und gelbe Berge von Schwefel, der hier verschifft wird. Links können wir die elegante Konstruktion der Lions Gate Bridge bewundern, die sich hoch über das natürliche Tor zum Hafen schwingt. Ein Stück landeinwärts kommen wir zum Lumbermen's Arch (Holzfäller Bogen). Dieser wird von einem riesigen Baumstamm gebildet, der von zwei anderen Bäumen gestützt wird. Früher stand hier ein Indianerdorf. Wieder zurück am Strand, erinnert uns die Figur des Girl In A Wet Suit (Mädchen im Taucheranzug) an die Kleine Meerjungfrau in Kopenhagen.

An die Bedeutung der Seefahrt für die Stadt soll eine Nachbildung der Gallionsfigur des Dampfschiffes S.S.EMPRESS OF JAPAN erinnern, das bis 1922 regelmäßig Handelsgüter von und nach Asien beförderte.

Bevor wir wieder zu unserem Ausgangspunkt an der Lions Gate Bridge zurückkommen, wenden wir uns dem Parkinneren zu. Auch hier gibt es noch viel zu entdecken. Wer die Ruhe liebt, wird sie auf dem reizvollen Cathedral- oder Lake Trail finden. Auch der fast völlig von bunten Wasserlilien bedeckte Beaver Lake lädt zu einer erholsamen Ruhepause ein. Ein Picknick-Gelände, eine Miniatureisenbahn, ein Kinder-Zoo mit Tieren zum Anfassen und ein Spielplatz mit mehreren Wasserplantschbecken werden Familien mit Kindern viel Spaß bringen. Auch eine Konzertbühne, die Malkin Bowl, bietet der Park. Hier finden Konzerte und andere unterhaltende Veranstaltungen statt.

Der unverkennbare Geruch von Raubtieren und verschiedene Tierlaute locken uns zum Zoo. Wir finden hauptsächlich die einheimischen Tiere wie Seeottern, Seelöwen, Schwarzbären, Grizzlies, Eisbären und Wölfe, sowie viele andere Tiere. Der Eintritt ist frei.

Keinesfalls versäumen dürfen wir das Vancouver Aquarium, das gleich neben dem Zoo liegt und Kanadas größtes ist. Hier kann man über 8000 Seetiere sehen. Die Hauptattraktion sind jedoch die mehrmals täglich angebotenen Vorführungen von Mörderwalen, Belugas und Weißen Walen. Mancher wird solche Shows aus den USA kennen.

Seaworld in San Diego oder Orlando bieten Ähnliches. Das Ozeanarium im Stanley Park liegt jedoch, eingebettet in die ursprüngliche Landschaft, unvergleichlich schöner.

Nach diesem Erlebnis schwingen wir uns wieder auf die Fahrräder und radeln zu unserer rollenden, heimatlichen Hütte auf den Campingplatz zurück. Nach einer ausgiebigen Stärkung fühlen wir uns wieder unternehmungslustig und fahren zur nahen Capilano Road.

Die Straße steigt steil an. Die erste Sta-

**Vancouver,
die Perle
am Pazifik**

tion ist die Capilona Suspension Bridge. Diese, mit 137 m längste Hängebrücke der Welt für Fußgänger, liegt in einem privaten Park. Sie überspannt den Capilano River, der 70 m unter ihr zur nahen Mündung rauscht. Es erfordert schon ein wenig Mut, sich dieser schwankenden Konstruktion aus dem Jahre 1899 anzuvertrauen. Der Park ist auch abends geöffnet und wird, einschließlich Brücke, romantisch beleuchtet.

Auf der Weiterfahrt zu unserem abendlichen Ziel kommen wir an der Abzweigung der Capilano Park Road vorüber, die zur Capilano Salmon Hatchery führt. Hier werden Lachseier befruchtet und junge Lachse ausgebrütet, die später ins Meer zurückkehren.

Schautafeln informieren über das Leben dieser Fische. Durch Glasfenster kann man im Sommer den Zug der heraufziehenden Lachse beobachten. Am Ende dieser Straße stoßen wir auf den Cleveland Dam, der den Capilano Lake bildet, ein wichtiger Trinkwasserspeicher der Stadt. Der hier abfließende Capilano River hat früher, als er noch nicht durch den Staudamm gebändigt

*Vancouver, Yacht-
hafen mit Skyline.*

*Capilano Suspen-
sion Bridge.*

Badestrand am Stanleypark.

war, eine tief eingeschnittene Schlucht, den Capilano Canyon, gebildet.

An dieser Schlucht entlang zieht sich der Capilano River Regional Park.

Wir fahren wieder zur Capilano Road zurück und weiter auf ihr durch gepflegte Wohnanlagen zur Talstation der Seilbahn Grouse Mountain Skyride, die uns auf den 1200 m hohen Berg bringt. Man kann auch Fahrpreis und Essen im Grouse Nest Restaurant miteinander kombinieren. Dann verlangt man das preisgünstige Ticket „Ride & Dinner Combination". Belohnt werden wir durch einen unvergeßlichen Blick! Die schon tiefstehende Sonne taucht unter uns den Hafen, die Stadt mit Stanley Park und im Hintergrund das Fraserdelta in ein mildes, goldenes Licht. Wir können uns an dieser grandiosen Aussicht gar nicht sattsehen. Bald leuchten die ersten Lichter auf. Die Dämmerung weicht der samtenen Nacht. Kein Windhauch kräuselt das Wasser des Hafens, nur die Fähre pflügt eine schaumig weiße Spur in die schwarze Fläche. Unzählige Lichter senden ihre Strahlen zu uns hinauf und erzählen vom pulsierenden Leben dort unten. Still, glücklich und dankbar für diesen wunderschönen Tag treten wir den Heimweg an.

Petrus bleibt uns wohlgesonnen. Auch am nächsten Tag begrüßt uns die Sonne von einem klaren, stahlblauen Himmel herab. Das ist nicht selbstverständlich. Wir erinnern uns an den letzten Besuch, wo uns dunkle Regenwolken jede Aussicht versperrten und der Schirm unentbehrlich war. Heute wollen wir uns in der Innenstadt umsehen.

Die erste Strecke führt uns wieder durch den Stanley Park bis zur Lost Lagoon, wo wir unserer Leihräder zurückgeben. Von hier aus läßt sich die Innenstadt besser zu Fuß erobern.

Wir gehen die Robson Street hinauf, die auch noch Robson Straße genannt wird, weil hier früher viele deutsche Läden und Restaurants waren. Auch heute noch gibt es hier ein deutsches Cafe und ein Restaurant „Alt Heidelberg". Bei einer Bäckerei kann man deutsches Brot und Brötchen kaufen und heimische Zeitungen erhält man am deutschen Newsstand. Der unterirdische Robson Square bildet den Mittelpunkt von Vancouver Downtown. Die 1979 erbaute Anlage bietet Restaurants, Geschäfte, eine Kunsteisbahn und eine Touristeninformation, das Tourism British Columbia. Im ehemaligen Gerichtsgebäude mit seiner grünen Kuppel ist jetzt die Vancouver Art Gallery untergebracht. Südlich, im neuen pyramidenförmigen Glaspalast, wird heute Recht gesprochen.

Wir bummeln weiter die Robson Street entlang, auf beiden Seiten der Straße streben moderne Wolkenkratzer mit ihren Fassaden aus Stahl und Glas himmelwärts. Wir können uns nicht vorstellen, daß es hier in der heute so geschäftigen Innenstadt noch in den zwanziger Jahren unseres Jahrhunderts einzelne, unbebaute Grundstücke gab, auf denen noch aus Brandrodungen schwarzverkohlte Baumstümpfe der Urwaldriesen standen.

Die Granville Street ist teilweise eine Fußgängerzone, allerdings dürfen Busse und Taxis hier fahren. Als Einkaufsparadies kann sich getrost die Granville Street Mall bezeichnen. An ihr liegen die großen Einkaufszentren wie Pacific Centre und Vancouver

North Vancouver vor den Küstenbergen.

Centre. Auch die großen Kaufhäuser Eaton's und Hudson's Bay Company, kurz „The Bay" genannt, finden sich hier. Nur ein Stück weiter, Richtung Hafen, entdecken wir das Harbour Centre. Ein weiterer Komplex mit Kaufhaus und einer Aussichtsplattform, dem Observation Deck. Von hier oben hat man einen schönen Blick auf die Innenstadt und Umgebung. Eine Tonbildschau informiert über Vancouvers Geschichte und Gegenwart. Das Harbour House Restaurant dreht sich langsam im obersten Stockwerk. Essen und Aussicht lassen sich hier gleichermaßen genießen.

Canada Place mit den weißen Segeln hatten wir bereits vom Stanley Park aus gesehen. Das Kongresszentrum wurde zur EXPO, 86 vom deutschstämmigen Architekten Ed Zeidler erbaut. Zum Komplex gehört das luxuriöse Pan Paci-

*Auch heute noch
werden Totempfähle
geschnitzt.*

*Totem Poles im
Stanley Park.*

fic Hotel. Gleich nebenan ist der Terminal für die Fähre, die City und North Vancouver miteinander verbindet.

Für die 3 km Entfernung, quer über den Hafen, benötigt das Fährschiff etwa 12 Minuten.

Die nahe Waterstreet ist eine der ältesten Straßen der Stadt und führt uns in die Gastown. Dieser Name hat nichts mit Gaslaternen zu tun, sondern stammt von dem bereits erwähnten ersten Siedler, Jack Deighton, der wegen seiner Geschwätzigkeit allgemein als „Gassy Jack" bekannt war. Diese Gegend, nahe am Hafen, war lange Zeit recht heruntergekommen. Erst in den 60er Jahren begann eine Bürgerinitiative sich für die Rettung des Viertels einzusetzen.

Gemeinsam mit Chinatown erklärte die Provinzregierung dann 1971 beide Stadtteile zu historic areas. Man versuchte, etwas vom alten Charme zu retten, bzw. wiederherzustellen. Man stellte sich vor, hier eine Art Fishermen's Wharf, bekannt aus San Francisco, aufbauen zu können. Junge Unternehmer und Künstler restaurierten Gebäude und Straßen. Restaurants und Boutiquen wurden eingerichtet.

Gassy Jack wurde an der Stelle, an der früher sein Saloon lag, ein Denkmal errichtet. Dort steht er auf seinem Whiskeyfaß und scheint immer noch Geschichten zu erzählen. Die Hauptattraktion in Gastown ist aber die Steam Clock, die einzige dampfgetriebene Standuhr der Welt. Ihr Dampf kommt aus den Fernheizungsrohren und treibt die Gewichte des Uhrwerks. Außerdem ertönen ihre Dampfpfeifen zu jeder Viertelstunde mit der Melodie des Westminster Glockenschlags.

Bei unserem Besuch sahen wir auf den ziegelgepflasterten und von antiken La-

Siwash Rock, die „Lange Anna" vom Stanley Park.

ternen beleuchteten Straßen nicht sehr viele Leute. Auch die Galerien und Pubs waren nicht gerade übervölkert. Östlich, an der Hastings und Penderstreet, schließt sich Chinatown an. Zwei Wellen, um 1858 das Gold und in den 1880er Jahren der Eisenbahnbau, brachten zahlreiche Chinesen hierher. Nach Chinatown in San Francisco ist die chinesische Gemeinde mit 100 000 Mitgliedern, die über das gesamte Stadtgebiet verteilt wohnen, die zweitgrößte an der amerikanischen Pazifikküste. Geschäftiges Leben und Treiben herrscht in den Straßen des Viertels. Zahlreiche kleine Läden mit exotischen Waren aller Art drängen sich hier zusammen. Seidenstoffe, Porzellan, Lackmalerei, Antiquitäten, Papierdrachen, Sonnenschirme und tausend andere Artikel werden angeboten. Düfte von asiatischen Gewürzen aus den Lebensmittelläden mischen sich mit den Gerüchen aus diversen China-Restaurants. Wer sich über chinesische Kultur informieren möchte, findet dazu im Chinese Cultural Center in der Pender Street Gelegenheit. Man findet dort ein großes Buchangebot, chinesische Kunst, eine Sprachenschule für Chinesisch und Englisch und anderes. Ein Kuriosum ist Ecke Carall/ Pender Street zu besichtigen. Zu Beginn dieses Jahrhunderts wurde die Penderstreet verbreitert. Übrig blieb nur ein schmaler Streifen. Darauf baute man das mit 1,5 m Breite „schmalste Gebäude der Welt". Heute fällt es weniger auf, da ein anderes Gebäude angebaut wurde. Auch südlich der Innenstadt gibt es Sehenswertes. Wir hatten nicht länger als zwei Tage für Vancouver eingeplant. Darum seien einige Ziele hier nur kurz skizziert. Am False Creek, einer flußähnlichen Bucht, die Downtown Van-

Gastown: ein Denkmal für ein Original.

84

Capilano RV-Park.

Park, der inmitten eines Wohngebietes liegt, beherbergt auch das Bloedel Conservatory, ein riesiges, gläsernes Kuppelgebäude.

Unterteilt in drei Klimazonen – vom Regenwald bis zur Wüste – erlebt man die Vegetation und ihre Vogelwelt. Vom Little Mountain, mit 125 m die höchste Erhebung der Stadt, bietet sich ein ausgezeichneter Blick auf Vancouver und die Berge.

couver von den südlichen Vororten trennt, liegt B.C. Place Stadium, ein Mehrzweckstadion für 60.000 Zuschauer.

Das luftgestütze, lichtdurchlässige Dach aus Fiberglas wird durch Überdruck aus 16 großen Ventilatoren getragen. Nach dem Überqueren der Burrard Bridge findet man rechts im Vanier Park das Vancouver Museum, zu dem auch das MacMillan Planetarium gehört. Nur wenig weiter bietet sich am Ufer der English Bay das Maritime Museum zum Besuch an. Die Hauptattraktion darin ist die ST.ROCH, ein Zweimastschoner des Küstenschutzes, der von 1940 bis 44 die Nordwest-Passage als erstes Schiff in beiden Richtungen durchfuhr.

Granville Island, ein alter Hafenbezirk, ist heute mit seinen renovierten Lagerhallen, seinen Theatern, Restaurants und dem Public Market ein beliebtes Touristenziel. Der Queen Elizabeth

Vancouver

Südwestlichste Stadt des kanadischen Festlandes am Pazifischen Ozean.
443.000 Einwohner. Im Großraum Vancouver leben ca. 1,5 Millionen Menschen.

Information:	*Vancouver Visitors Bureau* *Royal Centre Mall,* *1055 West Georgia Street.* **Tel. 660–2300**
Camping:	*Capilano RV Park,* *295 Tomahawk Ave.* *North Vancouver* **Tel. 987–4722**
Motel:	*Kingston Hotel, 757 Richards Street, Vancouver V6B 3 AG* **Tel. 684–9024**
Highlights:	*Stanley Park und Zoo* *Robson Sqare* *Canada Place* *Gastown* *Chinatown* *Harbour Centre* *Capilano Park* *Grouse Mountain* *Vancouver Museum*

*Einzige dampfge-
triebene Normaluhr.*

*Canada Place,
Convention Centre.*

*Vancouver bei
Nacht.*

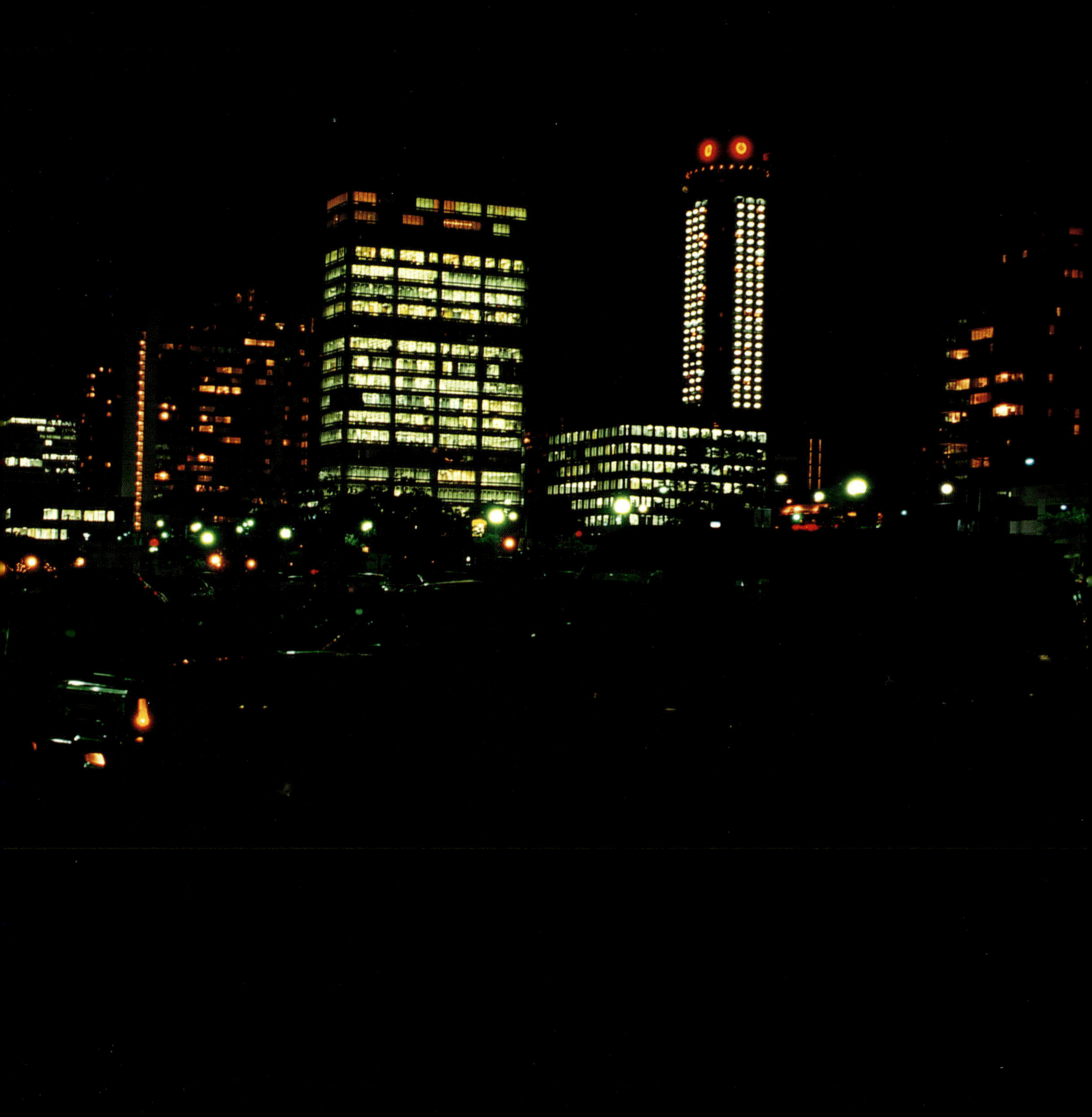

Alle Wege von Vancouver nach Victoria führen entweder durch die Luft oder übers Wasser. Es gibt zwei Fährrouten. Die Fahrzeiten der Fähren sind auf beiden Strecken mit knapp zwei Stunden etwa gleich. Da wir von North Vancouver aus starten, wählen wir für die Hinfahrt den Weg über Horseshoe Bay – Nanaimo. Dazu fahren wir von unse-

Victoria, eine englische Stadt in Kanada

rem Campingplatz aus über den Highway 99/Trans-Canada Richtung Squamish. Unterwegs kommen wir am Lighthouse Park vorbei mit Wanderwegen, dem alten Leuchtturm und schöner Aussicht auf die Strait of Georgia. Bis hierher sind es nur 7 km, und schon nach weiteren 8 km leitet uns ein Schild „BC Ferries" zum Fährhafen Horseshoe Bay. Wir ordnen uns unter dem Schild „Nanaimo Ferry" richtig ein und warten. An einer Zahlstelle entrichten wir den Fahrpreis und werden dann zur Auffahrt auf das Fährschiff eingewiesen. Eine Reservierung ist nicht nötig, „Wer zuerst kommt, wird zuerst bedient" heißt hier die Devise. Die Schiffe verkehren im Sommer tagsüber etwa jede Stunde in jede Richtung.

In Departure Bay, nördlich von Nanaimo, erreichen wir die Insel Vancouver Island. Mit ihrer Länge von 460 km und ihrer Breite von 100 km liegt sie als riesige Barriere schützend vor dem Festland.

Die zerklüftete Westküste der Insel mit vielen, zum Teil tief in in das Land reichenden Buchten ist der Gewalt von Sturm und Wellen des gar nicht immer friedlichen Pazifiks schutzlos ausgeliefert.

Viele Schiffe sind an dieser Küste schon im Sturm zerschellt. Aber es gibt auch viele Geschichten, die von heldenhaften Rettungsaktionen berichten.

Die Insel hat viel zu bieten. Angler, Wanderer und Bergsteiger kommen hier auf ihre Kosten. Der höchste Berg dieser wald- und wasserreichen Insel ist der 2200 m hohe Golden Hinde. Der West Coast Trail ist eine Herausforderung für geübte Wanderer. Kurz, Vancouver Island lohnt einen Urlaub für sich.

Nanaimo, die Stadt mit dem indianischen Namen, hat heute 51.000 Einwohner. 1851 wurden hier Kohlevorkommen entdeckt. So entwickelte sie sich schnell zum Zentrum für Kohleabbau und Verschiffung. Heute lebt die Stadt vom Holz und der Fischerei.

Südlich der Stadt liegt der Petroglyph Park mit prähistorischen Felsmalereien, die über 15.000 Jahre alt sind. 2 km nördlich von Duncan gibt das B.C.Forest Museum über die Forstwirtschaft allgemein und die Douglastanne im besonderen umfassende Auskunft.

Eine Schmalspurbahn fährt durch das Gelände. Die Old Stone Church von Duncan wird auch „Butter Church" genant, weil Father Peter Rondeault die Bauleute um 1870 mit selbsterzeugter Butter bezahlte. Eine Kuriosität befindet sich 5 km südlich der Stadt.

Es ist ein aus 180.000 leeren Flaschen erbautes Schloß. Über den Malahat Drive kommen wir nach Victoria. Die Hauptstadt von British Columbia liegt an der Südspitze der Insel. Die Besiedlung in der Neuzeit begann 1843 mit dem Bau eines Forts durch die Hudson's Bay Company. Später ließen sich viele Bauern aus England in dem milden Klima nieder. Heute noch verbringen viele Rentner hier ihren Lebensabend. Stadtbild und Lebensart der Bewohner sind auch heute noch unverkennbar viktorianisch geprägt. Besonders deutlich wird das in der „guten Stube" der Stadt, um den Inner Harbour herum. Das Parlamentsgebäude und das berühmte, efeubewachsene Empress Hotel sind die dominierenden Gebäude. Rote Doppeldeckerbusse fahren durch die Straßen. Gepflegte Rasenanlagen mit Blumenbeeten umgeben die Bauten und selbst an den Laternenmasten hängen Blumenkörbe, von denen bunte Blumen üppig herabwuchern. Vor dem Empress Hotel wurde am Hafenufer Captain Cook, der 1778 auf Vancouver Island landete, ein Denkmal erbaut. Im Hafenbecken kann man einen Unterwasserpark, die Undersea Gardens, besuchen. Hinter Glas erlebt man die bunte Unterwasserwelt. Gleich nebenan, im Wachsmuseum erwarten berühmte Leute, von Königin Victoria bis zu Popgrößen, unseren Besuch. Die Königin, die der Stadt ihren Namen gegeben hat, begegnet uns als Statue auch vor dem Parlament Building wieder. Der vergoldete Captain Vancouver grüßt aus 50 m Höhe von der Kuppel des Gebäudes herab. Nicht nur bei Regenwetter lohnt ein Besuch des British Columbia Museums. Im Erdgeschoß fällt ein Totempfahl auf, die Nachbildung eines Originals, das bis 1954 in einem Dorf der Haida Indianer stand. Er erzählt die Geschichte einer Häuptlingsfamilie. Ein eindrucksvolles Diorama stellt eine Walfänger-Szene der Nootka Indianer dar. Eine große Reliefkarte beschreibt die Landschaft von British Columbia. Führungen erklären die Modern History Gallery im 2.Stock. In vier Perioden geht man von der Großstadt über Industrialisierung und Goldrausch bis zu den Entdeckern zurück. Eine eigene Abteilung, The First Peoples Gallery, ist den Ureinwohnern gewidmet. Sehr anschaulich wird das Leben der Indianer, aber auch ihre Werkzeuge, Waffen und Kunst dargestellt. Filme vervollständigen den Eindruck. Der Besuch bietet eine einzigartige Gelegenheit, sich mit dem Alltag und den früheren Lebensbedingungen vertraut zu machen.

Im Thunderbird Park nebenan sind sehr schöne Totem Poles ausgestellt. Den Namen gab der Donnervogel, der für die Indianer Blitz und Donner symbolisierte. In einem der beiden indianischen Häuser werden noch Totempfähle geschnitzt. Das Empress Hotel sollte man sich nicht nur von Außen ansehen. Von 14 bis 17 Uhr wird in der Hotelhalle der Afternoon Tea serviert. Hier kann man ausruhen und dabei gleichzeitig die altmodisch englische Atmosphäre erleben. Der Bastion Square ist heute ein Einkaufsviertel. Früher stand hier das Fort Victoria. Im nahen Maritime Museum of BC ist ein maßstabsgetreues Modell der BEAVER zu sehen, die 1834 eines der ersten Dampfschiffe war. Sie erlitt 1888 vor der Einfahrt in den Hafen von Vancouver Schiffbruch. Die TILIKUM ist ein ausgehöhltes indianisches Kanu, mit dem der Ozean befahren wurde.

In der Ortschaft Esquimalt, unweit westlich des Distriks von Inner Harbour, ist ein „English Village" zu besichtigen. Entzückende Nachbildungen von Cottages aus der Tudorzeit in Originalgröße versetzen Sie in jene Zeit.

*Eine kleine
Indianerin*

Sehr empfehlenswert ist auch ein Besuch der Butchart Gardens. Sie sind 22 km nördlich von Victoria bei der Ortschaft Brentwood zu finden. Mr. Butchard hat hier früher einen Steinbruch betrieben. Da er auf dem Gelände wohnte, störte seine Frau die steinige und staubige Umgebung. Sie veranlaßte ihren Mann, die ausgebeuteten Stellen zu rekultivieren. So entstand nach und nach auf einer 14 Hektar großen Fläche ein einzigartiger wunderschöner Blumenpark, der in ver-

*Das viktorianische
Empress Hotel.*

schiedene Themenparks untergliedert ist. Für die Rückfahrt zum Festland benutzen wir die kürzere Strecke.

Allerdings nehmen wir nicht gleich die Straße Nr. 17, die Victoria direkt mit dem Fährhafen Swartz Bay verbindet, unter unsere Räder, sondern wählen den schöneren Scenic Marine Drive am Wasser entlang.

Dazu fahren wir zunächst in südlicher Richtung die Douglas Street am Beacon Hill Park entlang, bis wir auf die Uferstraße stoßen.

Hier endet auch der berühmte Trans Canada Highway. Eine hölzerne Tafel verkündet für diejenigen, die hier ihre weite Reise nach Osten starten, die Mile 0. Der Beacon Hill Park ist ein beliebtes Ziel für Spaziergänger und Jogger. Auf dem höchsten Punkt wurde eine Schutzhütte erbaut. Von hier aus hat man einen großartigen Blick über die Juan de Fuca Strait, eine Meerenge, die gleichzeitig die Grenze zu den USA darstellt und die Einfahrt zu den Häfen Vancouver und Seattle bildet. Bei gu-

Victoria, Mile 0. Hier endet/beginnt der Trans-Canada Highway.

Victoria, eine englische Stadt in Kanada

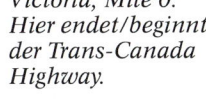

tem Wetter kann man die gegenüber liegende Küste des Staates Washington sehen, die überragt wird vom schneebedeckten Mount Olympic. Der Marine Drive verführt uns mit seinen Park- und Rastplätzen immer wieder zum Anhalten und belohnt uns mit Ausblicken auf die vielbefahrenen Wasserstraßen. Wir kommen durch exklusive und gepflegte Wohnanlagen, fahren an der Cordova Bay entlang bis wir auf der Höhe vom Elk Lake die Straße 17 treffen.

Von hier aus sind es nur noch 15 km bis nach Swartz Bay. Wir lassen uns wieder für die Fähre nach Tsawwassen (gespr. twoschen) einweisen und bald verschwinden wir mit unserem Fahrzeug im großen Bauch des Fährschiffes. Vom Deck aus genießen wir die kommenden 1oo Minuten der Überfahrt durch die Inselwelt der Gulf Islands.

Über 300 größere, meist aber kleinere Inseln liegen verstreut zwischen Vancouver Island und dem Festland. Sie erinnern uns an die Schärenlandschaft bei Stockholm. Viele dieser felsigen und bewaldeten Eilande sind bewohnt, manche nur am Wochenende und in den Ferien. Bunte Wochenendhäuser und Anlegeplätze für private Boote deuten darauf hin. Viele der Inselbewohner sind Künstler und Individualisten, die ihren Freiraum gegen geplante touristische Projekte verteidigen. Auf dem tiefblauen Wasser herrscht reger Verkehr. Wir begegnen anderen großen Fährschiffen und fahren manchmal dicht an Inselufern entlang. Immer wieder kreuzen weiße Segel unseren Weg und bunte Motorboote eilen über das Wasser. Ein Stück begleiten uns, elegant und spielerisch, einige Delphine. Kurz vor Tsawwassen ändert das Wasser seine Farbe. Das tiefe Blau des salzigen Ozeans mischt sich mit dem milchigtrüben Süßwasser des Fraser. Nach Verlassen der Fähre haben wir wieder den Boden des nordamerikanischen Festlandes unter unseren Rädern. Von nun an heißt unsere Hauptfahrrichtung Ost.

Victoria

An der Südspitze von Vancouver Island gelegen. Hauptstadt der Provinz British Columbia. 276.300 Einwohner.

Information:	Tourism Victoria Travel Infocentre, 812 Wharf Street, Victoria, BC, V8W 1T3 **Tel. 382–2127**
Camping:	KOA Victoria East Mount Newton Cross Road, Box 129, Saanichton VOS 1MO, **Tel.652–3232** 18 km nördlich Victoria.
Motel:	Shamrock Motel, 675 Superior Street, Victoria V8 V 1V1 **Tel. 385–8768**
Highlights:	Inner Harbour Parliament Buildings Empress Hotel Roayl British Columbia Museum Thunderbird Park Butchard Gardens Beacon Hill Park

Tsawwassen liegt auf einer Halbinsel. Wir rollen auf dem Hwy 17.

Das Meer bleibt hinter uns zurück. Mit Wehmut verabschieden wir uns von den herrlichen Gestaden. Wann werden wir jemals den größten Ozean unserer Erde wiedersehen? Der Gedanke an neue Entdeckungen, die noch vor uns liegen, macht uns den Abschied leichter.

Abschied vom Pazifik

Der Highway 17 kreuzt nach etwa 9 km den Hwy 99, der von Süden aus den USA heraufkommt, wo er die Bezeichnung Interstate 5 trägt.

Da wir nicht unbedingt durch die Innenstadt von Vancouver fahren möchten, bleiben wir auf dem Hwy 17, der uns als River Road am Fraser entlang führt und später auf den wohlbekannten Trans Canada Highway stößt. Wir hatten für unsere Fahrt im Tal des unteren Fraser bekanntlich die Route auf dem Hwy 7, der dem Fluß auf seiner rechten oder nördlichen Seite folgt, benutzt. Für den Rückweg wählen wir darum den TC, erstmals in der Richtung Ost! Der Trans-Canada begleitet den Fraser auf seiner südlichen Seite im Abstand von einigen Kilometern. Der mehr als 1300 km lange Fraser, der von seiner Quelle, den eisigen Gletschern des Mount Fraser, bis zur Mündung in Vancouver der Provinz British Columbia treu bleibt, bildet die Lebensader auch für die Menschen, die in seinem unteren Tal wohnen. Sein Schwemmland schenkt den fetten Böden der Weideflächen und den ausgedehnten Gemüsefeldern die Fruchtbarkeit, die das Fraser Valley zum Gemüsegarten Kanadas machte. Sein Wasser tränkt die durstigen Felder. Es treibt die Sägemühlen an seinen Ufern und seine braunen Fluten tragen die Lasten riesiger Holzflöße. Jedes Jahr ziehen Millionen von Lachsen durch sein Bett zu den klaren Gewässern ihrer Geburt im oberen Lauf und die Marschen seines Deltas bieten willkommene Station für die Zugvögel.

Die östlichen Vororte von Vancouver ziehen an den Fenstern unseres Wohnmobils vorbei. Bald grüßen wir noch einmal zum Fort Langley hinüber. Vor uns, im Osten, erhebt sich der weiße Kegel des Mount Baker in den blauen Himmel. Es scheint, als führen wir geradewegs auf ihn zu. Aber das täuscht, denn der Dreitausender gehört zur Kette der Vulkanberge der Cascade Mountains und liegt in den USA.

In Abbotsford, einige Kilometer nördlich vom TC, finden wir einen Safeway Supermarkt und ergänzen unsere Vorräte. Im August lockt die Internationale Air Show viele Zuschauer in die kleine Stadt, die auch ein Zentrum für die Landwirtschaft ist. Bei Abbotsford erreicht der TC seinen südlichsten Punkt. Nur wenige Kilometer entfernt verläuft die Grenze zu den Vereinigten Staaten auf dem 49. Breitengrad. Wieder zurück auf dem TC, kommen wir nach einigen Kilometern zu einer BC Tourist Information, bei der ein Stop immer lohnt. Das Personal beantwortet freundlich und hilfsbereit unsere Fragen, man erhält Straßenkarten, Veranstaltungshinweise und Informationen über die kanadischen Parks; und das alles kostenlos!

Unsere Fahrt geht weiter durch ausgedehnte Getreidefelder und saftiggrüne

Weiden. Dazwischen eingestreut, wie einzelne Würfel, die typisch geformten, rotbraunen Holzscheunen. Chilliwack, the green heart of B.C., ist das Zentrum der Milchwirtschaft. Die Küstenberge drängen sich heran und engen das Frasertal ein.

Südlich des Trans-Canada ist das Royal Canadian Engineers Museum zu besichtigen. Ein Besuch lohnt für denjenigen, der sich für die militärische Geschichte des kanadischen Westens interessiert.

Fährt man auf dieser Straße weiter südwärts, so erreicht man 1o km südlich des TC den Cultus Lake Provincial Park. Einige Campingplätze, darunter Maple Bay, am See gelegen, bieten sich zum Übernachten und Verweilen an. Sehenswert sind in diesem Park besonders schöne Douglas Tannen (Fir). Benannt ist dieser für die Holzwirtschaft Kanadas so wichtige Baum nach dem Botaniker David Douglas, der auf seinen Expeditionen von 1825–27 viele Pflanzen sammelte und bestimmte. Etwa 16 km östlich von Chilliwack führt uns der Highway an den Bridal Vail Falls, den Brautschleier- Wasserfällen, vorüber oder besser noch, wir halten an und machen einen 15-Minuten-Spaziergang zu den 46 m hohen Fällen. In Hope verlassen wir für eine lange Strecke unseren treuen Begleiter, den belebten Trans Canada Highway.

Bis Princeton folgen wir nun dem Hwy 3. Unser heutiges Ziel ist jedoch der Manning Provincial Park. Östlich von Hope freuen wir uns auf der deutlich weniger befahrenen Straße an den dichten, grünen Wäldern, deren Ränder unseren Weg säumen. Die Douglasien wachsen aus dichtem Unterholz empor. Ihre Stämme sind mit Flechten bewachsen. Hier, auf der westlichen Seite

der Cascaden Berge gibt es viel Niederschlag. Etwa 35 km östlich von Hope scheint die Straße zu enden. Wir sehen plötzlich einen wohl 80 m hohen Wall aus Steinen vor uns. In mehreren Serpentinen überwindet die Straße dieses Hindernis. Wir stehen vor einem gigantischen Felssturz, genannt Hope Slide. Am 9. Januar 1965, einem kalten Sonntagmorgen, donnerten in der Folge eines örtlichen Erdbebens, 46 Mio. Kubikmeter Fels herab. Tal und Bachbett wurden 80 m hoch verschüttet. Bei diesem Unglück kamen 4 Menschen ums Leben. Oben sehen wir links die glatte Flanke des Berges, die der Abrutsch als Wunde hinterlassen hat.

Inzwischen haben wir schon den Westeingang des Manning Parks passiert. Links findet sich ein Parkplatz, von dem aus zwei Wanderwege abgehen. Der Mount Outram Trail ist zwar nur etwa 5 km lang, steigt aber steil zum 2438 m hohen Berg auf. Der Ghost Pass Lake Trail hat eine Länge von ca. 8 km und führt am 18 Mile Creek entlang bis zum Ghost Pass Lake. Der Hwy 3 begleitet nun den Sumallo River, bis dieser nach Süden abbiegt, wo er später, nach einigen Zuflüssen, den Namen Skagit River erhält. Unser nächster Halt ist beim Rhododendron Flats Trail. Der Weg ist 1 km lang und zeigt uns den einzigen Ort in B.C. wo die um Mitte bis Ende Juni herrlich blühenden Büsche wild wachsen. Über den 1342 m hohen Allison Pass fahren wir weiter bis zum Visitor Centre. Hier erkundigen wir uns nach Übernachtungsmöglichkeiten und entscheiden uns für den Lightning Lake Campground, zu dem die Gibson Pass Road, führt, an der auch die Manning Park Lodge liegt. Der Campingplatz ist schon fast voll. Mit etwas Glück finden wir aber noch

Landschaft zwischen Vancouver Island und dem Festland.

einen Stellplatz. Wie üblich in den öffentlichen Parks, sind die einzelnen Plätze in Form von Loops (Ringen) in dem lichten Wald angeordnet, wobei der Abstand zum Nachbarn großzügig bemessen ist.

Erstaunlich ist die Zutraulichkeit der Rehe, die ohne Scheu bei den Campern um Futter betteln. Wir machen noch einen kurzen Gang zur Spruce Bay (Gänsebucht) des Lightning Lakes. Von hier aus beginnen mehrere Wanderwege. Zum Beispiel der Lightning Lake Loop, der 9 km lang um den See herumführt, oder der doppelt so lange Lightning Lake Chain. Dieser führt an den Ufern der Seen Lightning, Flash und Strike entlang bis zum Thunderlake, also vom Blitz- bis zum Donnersee, und dann, teils am anderen Ufer, wieder zurück. Der Park bietet etwa 20 Wanderwege an, darunter bequeme, an Ufern von Seen und Bächen entlang, Wege zu herrlichen subalpinen Wiesen und Hochgebirgswanderungen für geübte Wanderer mit entsprechender Ausrüstung. Der Manning Park, der übrigens nach E.C. Manning, der von 1935 bis 1940 der Chef der Forstverwaltung war, benannt wurde, ist 1941 gegründet worden. Der Hwy 3 durchquert den Park auf etwa 60 km Länge. Auf den 71.400 Hektar des Parks finden sich zerklüftete, waldbedeckte Berge, tiefe Täler, subalpine Wiesen, sonnengesprenkelte Seen und rauschende Wildwasser. Die Vegetation ist ebenso vielfältig wie die Landschaft. Von der feuchten Küstenseite bis zur trockenen Ostseite findet man Douglas-Tannen, Rote Zedern, Hemlock und Engelmann-Fichten ebenso wie Espen und Pappeln. Auch die Tierwelt ist hier mit vielen Arten zu Hause. Vom Erdhörnchen, Eichhörnchen, Murmel-

tier und Biber, die man in großer Zahl sehen kann, bis zu Rehen, Coyoten und Schwarzbären. Mehr als 190 Vogelarten lassen sich beobachten.

Historisch interessierte können den Dewdney-, Whatcom- oder Hope Pass Trail erwandern, die im vorigen Jahrhundert angelegt wurden um die ungastlichen Cascadenberge zu überwinden. Diese Wege bildeten bis in das frühe 20. Jahrhundert hinein die Haupthandelsstraßen zwischen der Küste und dem Landesinneren.

Im Winter ist der Manning Park ein beliebtes Skigebiet.

Manning Provincial Park

*224 km östlich von Vancouver am Highway 3 im Cascadengebirge an der Grenze zu den USA gelegen. 720 qkm groß.
Höchster Berg ist der Mount Outram mit 2438 m. Allison Pass 1341 m.*

Camping:	*Lightning Lake, 143 Plätze* *Hampton, 98 Plätze* *Goldspring, 63 Plätze* *Mule Deer, 49 Plätze.*
Motel:	*Manning Park Lodge,* **Tel.(604) 840–8822**
Information:	*Manning Provincial Park* *Headquarters* **Tel. (604) 840–8836**
Highlights:	*Hope Slide* *Rhododendron Flats* *Allison Pass* *Lightning Lake* *Beaver Pond*
Entfernung:	*Victoria – Manning Park 266 km.*

Kurz nach dem Start am nächsten Morgen halten wir am Parkplatz Beaver Pond, um einen 500 m kurzen Spaziergang zu machen. Es lassen sich hier, besonders gut am frühen Morgen, im Mai und Juni Vogelbeobachtungen machen. Der Similkameen River schlängelt sich neben der Straße entlang. Die Vegetation ändert sich. Das kräftige Grün der

Vom Manning Park über Princeton nach Kamloops

Tannenwälder wird abgelöst von pastellenen Tönen aufgelockerter Kiefernhaine und lichter Gräser. Hinter dem Sunday Summit (1282 m) windet sich der Highway kurvenreich hinab. Die Landschaft wird zusehends trockener und wärmer. Uns wundert das nicht mehr. Wir wissen inzwischen, warum das so ist. Bevor wir Princeton erreichen, ein Städtchen mit 2.700 Einwohnern, taucht rechts von uns der Copper Mountain auf, dessen Tagebau bis zur Schließung 1957 Kupfer, Gold und Silber lieferte. Der Dewdney Trail war früher die Verbindung zur Küste. Ursprünglich hieß der Ort am Zusammenfluß von Similkameen und Tulameen Vermilion Forks, bis der damalige Gouverneur, Sir James Douglas, den Namen nach einem Besuch des Prinzen Edward 1860 in Princeton änderte. Wir verlassen Princeton auf dem Hwy 5 A in Richtung Merrit. Viele Seen und sanfte Hügel bestimmen das Bild der Landschaft auf diesem trockenen Plateau. Der Boden darunter ist reich an Mineralien und Kohle. Merrit wird die „Kupferhauptstadt Kanadas" genannt, ist aber auch Zentrum der Land- und Forstwirtschaft. Der Ort liegt im Nicola Valley. Oberhalb von Merrit ist ein „Point of interest".

Von hier aus kann man das weite Nicola Tal überblicken. Eine Tafel informiert über die Vergangenheit: Nicola

Die Rehe im Manning Park sind sehr zutraulich.

Valley. Der Name erinnert an N-kua-la, einen hier lebenden Indianerhäuptling. Siedler, die 1867 in dieses Tal kamen, nannten ihr Dorf The Forks.

Als 1906 durch den Kohlebergbau und die Landwirtschaft die Eisenbahn hierher gelegt wurde, gab man der Siedlung den Namen Merrit. Damit sollte einer der Eisenbahngesellschafter geehrt werden, der den Bau dieser Nebenstrecke gefördert hatte. Die Kohlengruben wurden geschlossen, aber Bergbau, Land- und Forstwirtschaft bestehen fort und fördern die Entwicklung des „country of N-kua-la".

Für die Fahrt nach Kamloops wählen wir nicht den neuen Hwy 5, der auch „Coquihalla Highway" genant wird, sondern bleiben auf dem Hwy 5 A, der am Nicola Lake entlang führt. Der See bietet gute Angel- und Segelmöglichkeiten. Die Straße nach Kamloops führt

NICOLA VALLEY

The name commemorates N-kua-la, a local indian chief. Settlers in this valley in 1867 named their own village "The Forks". When coal mining and ranching brought the railway in 1906, the settlement was renamed Merritt to honour one of the rail promoters. The collieries are closed, but mining, ranching, and lumbering continue to maintain the development of "the country of N-kua-la".

PROVINCE OF BRITISH COLUMBIA 19 67

Nicola Valley, altes Indianerland.

uns durch ein mit vielen Hügeln und runden Kuppen, um tiefe und langgestreckte Seen hin ausgebreitetes Steppenland, „empire of grass" genannt. Die Entdeckung verdankt das Land den Goldsuchern, die hier durchzogen. Einige erkannten die Möglichkeiten und blieben. Ein Frankokanadier, Joseph Guichon, war der erste. Seine Nachkommen sitzen heute noch auf dem zu königlicher Weite angewachse-

nen Besitz. An die 15.000 Rinder gedeihen prächtig und fressen sich im hohen Gras die kernigsten Steaks an.
Kamloops benutzen wir als Versorgungsstation zum Einkaufen und Tanken. Wir kreuzen die Stadt diesmal von Süd nach Nord und nehmen den Highway 5, die südliche Abzweigung des Yellowhead-Highways, unter unsere Räder.

Vom Manning Park über Princeton nach Kamloops

Kamloops

Kamloops, knapp 70.000 Einwohner, liegt als Verkehrknotenpunkt an
der Kreuzung des Trans Canada Highways mit dem Highway 5. Auch die Eisenbahnlinie VIA Rail und die Buslinie Greyhound bedienen die Stadt.

Information:	*Kamlops Travel Infocentre, 10 10th Ave. Kamloops B. C. V2 C 6J7* **Tel. 374–3377.**
Camping:	*Knutsford Tend and Trailer Park Box 3A-5 Knutsford V0E 2A0* **Tel. 372–5380** *6 km südlich Kamloops an Hwy 5 A.*
Motel:	*Whistler Inn, 375 5th Ave. Kamloops V2 V 5L2* **Tel. 828–1322.**
Highlights:	*Kamloops Museum, 207 Seymour Street,* **Tel. 828–3576**
Entfernung:	*Manning Provincial Park – Kamloops 245 km.*
Strecke:	*Kamloops – Wells Grey Park, 179 km.*

Für heute haben wir einen neuen Begleiter, den North Thompson River, der sich in Kamloops mit dem South Thompson River vereinigt. An der heutigen Strecke liegen nur wenige kleine Orte mit beschränkten Einkaufs- und Tankmöglichkeiten. Darum haben wir uns in Kamloops gut bevorratet. Nördlich der Stadt kommen wir durch das

Der Wells Grey Park in den Cariboo Mountains

Kamloops Indian Reserve. Die hier lebenden Shuswap Indianer waren früher Fischer und Jäger. Heute treten die Indianer nur noch an den im August stattfindenden Pow Wow Days an die Öffentlichkeit. Dieses ursprünglich echte Indianerfest droht in unserer Zeit zu einer Touristenattraktion zu verkommen.

Das Tal des Thompson ist ein alter Verkehrsweg. Schon 1862 benutzten die Overlanders, die von Osten über den Yellowhead Pass gekommen waren, auf ihrem beschwerlichen Weg zu den Goldfeldern dieses Tal. Bereits ein Jahr später folgten ihnen die ersten Touristen, 2 Engländer. Sie legten die Strecke Jasper – Kamloops unter großen Strapazen in knapp 2 Monaten zurück und gerieten mehrfach in Lebensgefahr.

Immer wieder einmal bieten sich großartige Ausblicke auf den Thompson.

Die vielen Seen werden den Angler verlocken, sein Glück zu versuchen und vielleicht eine der prächtigen Forellen aus dem Wasser zu ziehen. Noch herrscht gelb als Hauptfarbe der Landschaft vor, aber je näher wir an Clearwater herankommen, umso grüner wird das Land. Die lichten Espenhaine machen Nadelwäldern Platz und die Weiden werden saftiger. Von Clearwater aus führt – abgesehen von einer kleinen Straße, die von Bluewater zum Murtle Lake geht – der einzige Weg in den spektakulären Wells Grey Park. An der Abzweigung der Straße zum Wells Grey Park bietet ein Visitor Centre seine informativen Dienste an, die wir natürlich gern beanspruchen. So ausgerüstet, fahren wir gespannt in Richtung Park, von dem wir schon viel gehört hatten.

Die befestigte Straße passiert zunächst den kleinen Spahats Creek Provincial Park, der um einen 122 m tiefen Canyon des Spahats Creek herum angelegt ist. Es gibt hier einen Camping- und einen Picknick Platz. Der eigentliche Parkeingang liegt etwa 35 km von der Abzweigung am Hwy 5 entfernt. Kurz vor dem Eingang liegt die privat betriebene Helmcken Falls Lodge. Sie bietet einfache Gastlichkeit in einer ursprünglichen Landschaft mit geführten Touren zu Fuß oder hoch zu Roß an. Etwa hier verwandelt sich die Straße in eine Gravelroad. Das bedeutet Staub bei Trockenheit und Schlamm bei Nässe, in jedem Fall aber heißt das: vorsichtig fahren!

Der Wells Grey Provincial Park, benannt nach A. Wells Grey, der von 1933 bis 41 Minister of Lands for B.C. war, wurde 1939 gegründet.

Sein Gebiet umfaßt 5270 qkm und ist weitgehend nur per Boot, zu Fuß oder Pferd zu durchstreifen. Vulkanische

Berge und Lavafelder, langgesteckte Seen, großartige Wasserfälle, dichte Wildnis, bis zu 2500 m hohe Berge und die weitgehende Unberührtheit unterscheiden diesen Park von anderen. Die Szenerie wechselt von dichten Wäldern und alpinen Wiesen mit einer Fülle von blühenden Blumen im Süden bis zu unbestiegenen Bergen ohne Namen und Gletschern im Norden. Rehe, Cariboos und Elche kann man südlich des Murtle River und westlich vom Clearwater River sehen. Bergziegen und Grizzly bleiben meist im gebirgigen, nördlichen Teil. Schwarzbären gibt es im gesamten Park. Wundern Sie sich nicht, wenn Meister Petz Ihnen an Ihrem Campingplatz unangemeldet seine Aufwartung macht.

Die Helmcken Falls Lodge bietet Unterkunft und viel Natur pur.

Im Wells Gray Park ist die Straße geschottert.

Kleinere Tiere wie Wiesel, Marder, Fischotter, Biber und zahlreiche Arten von Hörnchen kann man ebenso beobachten wie Wölfe, Coyoten und Vielfraß. Auch Adler haben wir schon gesehen.

Forellen leben in allen Flüssen und Seen.

Douglasien, Hemlock-Tannen und Zedern wachsen bis in Höhen von 1200 m. Oberhalb der Baumgrenze findet sich eine alpine Tundra.

Schon bald nach dem Parkeingang kommen wir zu den Dawson Falls.

Der hier 91 m breite Murtle River bildet eine 18 m hohe Kaskade, ein Niagara Fall im Kleinen. Einige Kilometer stromabwärts kann man schon aus einiger Entfernung das auspuffröhrende Donnern der Helmcken Falls hören. 137 m stürzen die Wassermassen in die Tiefe.

Man hat hier einige Aussichtsplattformen gebaut, damit man dieses Naturschauspiel besser beobachten kann. Nachdem wir uns an dem Spektakel sattgesehen haben, fahren wir wieder zum Hauptweg zurück. Es ist noch früh am Nachmittag und wir wollen uns auf dem Clearwater Lake Campground rechtzeitig einen Platz sichern. Links und rechts zweigen Wanderwege ab. Einer führt zur Ray's Mineral Spring. Der Weg ist nur 1200 m lang, aber Moskitos attackieren uns heftig. Auf dem Campingplatz belegen wir einen Stellplatz am Ufer des Clearwater, der den gleichnamigen See entwässert. Ein Lavastrom hat hier vor vielen tausend Jahren das Tal ausgefüllt und so den See entstehen lassen. Wir beschließen den Tag mit einem Spaziergang am Seeufer entlang. Dabei entdecken wir eine Familie von Fischottern, die um einige im Wasser liegende Baumstämme her-

Der Wells Grey Park in den Cariboo Mountains

Bootsfahrt auf dem Clearwater Lake.

Clearwater Lake.

Helmcken Falls.

*Einsamer Über-
nachtungsplatz,
nur für Kanuten
und Wanderer
erreichbar.*

umspielen und dabei ihr abendliches Fischgericht verzehren.

Für den nächsten Tag melden wir uns für eine Motorbootfahrt an.

Die geführte Tour dauert fast den ganzen Tag und führt in Gebiete, die nur auf dem Wasserweg erreichbar sind. Das kleine Boot trägt uns über die ganze Länge des bis zu 680 m tiefen Clearwater Lake und weiter, durch eine flußartige Verbindung zum ebenso langen und tiefen Azur Lake. Nach über 50 km Fahrt erreichen wir unser Ziel, die einsamen Rainbow Falls. Ein primitiver Lagerplatz am waldigen Ufer empfängt uns. Von hier aus sind es nur wenige Schritte zu den Fällen. Nach einigem Klettern über moosige Steine stehen wir am Rand des rauschenden Wasserfalls. Die Fahrt über die klaren Seen, an den dichtbewaldeten Ufern entlang durch eine fast menschenleere Wildniseinsamkeit gehört für uns zu den schönsten Erinnerungen dieser Reise.

Mit einem zünftigen Lagerfeuer beschließen wir diesen Tag und lassen uns später vom Rauschen des Clearwater in den Schlaf singen. Gut ausgeschlafen verlassen wir am nächsten Morgen den wunderschönen Park und fahren zurück zum Hwy 5. Am Visitor Center müssen wir uns entscheiden. Fahren wir weiter über Valemount direkt zum Mount Robson Park oder können wir uns einen Umweg nach Westen, in das Herz von British Columbia, leisten? Diejenigen, die mit uns links und rechts des berühmten Hwy 97, des Cariboo Highway, neue, aufregende Entdeckungen machen wollen, laden wir ein, uns zu folgen. Wir treffen uns wieder zu Füßen des majestätischen Mount Robson.

Wells Grey Provinvial Park

*Lage 384 km nordöstlich von Vancouver,
Größe 5270 qkm.*

Camping:	*Dawson Falls 1o Stellplätze, Clearwater Lake 32 Stellplätze, Falls Creek 41 Stellplätze und Mahood Lake 32 Stellplätze (nur von Westen erreichbar).*
Motel:	*Wells Grey Inn, Box 280 Clearwater V0E 1N0 Clearwater Village Road,* **Tel. 674–2214.**
Information:	*Clearwater Travel Infocentre,* **Tel. 674–2646**
Highlights:	*Dawson Falls, Helmcken Falls, Motorbootfahrt über Clearwater und Azur Lake zu den Rainbowfalls Kanuvermietung am Clearwater Lake.*
Entfernung:	*Kamloops – Wells Grey Park 179 km.*

Von Clearwater aus fahren wir etwa 34 km auf dem Hwy 5 zurück nach Süden bis zu einer kleinen Ortschaft mit Namen Little Fort. Hier zweigt der Hwy 24 nach Westen ab. Achtung: einen Wegweiser haben wir nicht gefunden! Man biegt bei der Esso-Tankstelle ab. Lassen Sie sich nicht irritieren, der

The Big Country: Cariboo and Chilcotin

108 Mile House an der Cariboo Wagon Road.

Die Seidler-Ranch am Horsefly.

Info-Tafel zur Geschichte der „B.X."-Stages

„Highway" ist teilweise unbefestigt und schmal! Die knapp 100 km lange Straße führt durch eine reizvolle Landschaft. Eingebettet in grüne Berge träumen viele kleine und größere Seen vor sich hin. In Lone Butte biegen wir rechts ab in Richtung 100 Mile House. Hier treffen wir auf den schon erwähnten Hwy 97, der sich auch Cariboo Highway nennt.

Wir haben schon von der Cariboo Wagon Road gehört. Die Straße diente damals der Versorgung der Goldgräberorte. Auch heute noch ist die 97, die auf diesem Abschnitt der Trasse des altes Weges folgt, die Hauptverkehrsader in British Columbia nach Norden, ja bis Alaska hinauf. Sicher sind Ihnen auf der Karte schon die Bezeichnungen von Orten mit 70-, 100- oder 150 Mile House aufgefallen. Die erste Cariboo Road begann in Lillooet. Von hier aus zählte man die Meilen und errichtete in Abständen von Tagesetappen Stationen zur Versorgung der Menschen und Tiere.

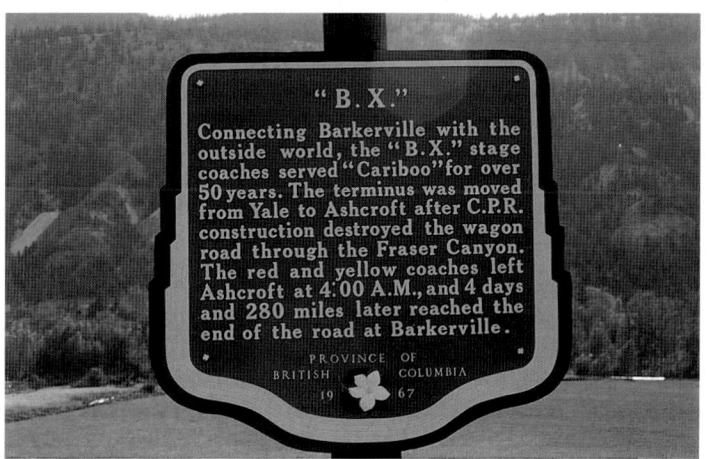

"B.X."
Connecting Barkerville with the outside world, the "B.X." stage coaches served "Cariboo" for over 50 years. The terminus was moved from Yale to Ashcroft after C.P.R. construction destroyed the wagon road through the Fraser Canyon. The red and yellow coaches left Ashcroft at 4:00 A.M., and 4 days and 280 miles later reached the end of the road at Barkerville.
PROVINCE OF BRITISH COLUMBIA
19 67

Azure Lake.

Es gab aber auch Gespanne, die von bis zu 16 Ochsen gezogen wurden.

Die Fahrer gingen nebenher und wurden „bull-puncher" genannt.

Das kurioseste Transportmittel jener Tage war aber zweifellos eine Herde von 23 Kamelen, die ab 1862 einige Jahre lang eingesetzt wurden. Man hatte sich von den kräftigen und genügsamen Tieren viel versprochen. Es stellte sich jedoch bald heraus, daß die Kamele zu störrisch und auch ihre Hufe für den steinigen Boden ungeeignet waren.

Der Personenverkehr wurde mit Postkutschen betrieben. Weit und breit waren die rotbraun und gelb gestrichenen Kutschen als „B.X."- Line bekannt. Francis Jones Barnard aus Quebeck gründete 1863 das Unternehmen. Mehr als 50 Jahre lang befuhren seine Stagecoaches die 4oo Meilen-Strecke bis Barkerville und zu anderen Goldfeldern. Die Fahrzeuge waren sehr stabil gebaut. Eine der Kutschen wurde restauriert und ist am Nordausgang von 100 Mile House ausgestellt.

Von der 108 Mile Station sind die ehemaligen, stabilen Blockhäuser erhalten geblieben. In einem der zweistöckigen Gebäude ist jetzt eine Kunst-Galerie untergebracht. Rund um das kleine Museumsdorf bieten ein Golfplatz, Mietpferde, eine Gast-Ranch und ein Fitnesszentrum viele Möglichkeiten der Erholung. Der Lac La Hache (Lake of the axt, Axtsee) war früher ein beliebter Treffpunkt der Indianer. Hier wurden Versammlungen abgehalten und sportliche Wettbewerbe ausgetragen. Auch heute findet hier jährlich im Juli die Cariboo Regatta statt. Zwischen Straße und See wurde ein Provincial Campground angelegt, zu dem ein Badestrand gehört.

Nicht mehr alle dieser roadhouses sind erhalten. Die schwerbeladenen Frachtwagen, meist zu zwei oder drei Wagen zusammengekoppelt, wurden von sechs bis zwölf Pferden gezogen.

Cariboo Country

Lage am Hwy 97 zwischen Clinton und Williams Lake.

Camping:	*Rose Lake, südlich der Straße nach Horsefly, etwa 20 km östl. vom 150 Mile House*
Hotel:	*Fraser Inn, 285 Donald Road, (am Hwy 97) Williams Lake, V2 G 4K4,* **Tel. 398–7055**
Highlights:	*100 Mile House, Original BX Stagecoach 1o8 Mile House, alte Farmhäuser 150 Mile House, Home of the Dead Waltz, Seidler-Farm, Ingo und Maria Seidler, Box 27 Miocene, Williams Lake, B.C., V2 G 2P3* **Tel. 296–3539**
Entfernung:	*Clearwater - Rose Lake 220 km*

Vor einigen Jahren waren wir im kanadischen Westen per Flugzeug unterwegs. Ein Flugticket für 1 Woche unbegrenztes Fliegen gab uns die Möglichkeit einer ersten, oberflächlichen Bekanntschaft mit dem weiten Land. Zwischen Inuvik im hohen Norden und Victoria bekamen wir einen Eindruck von den riesigen Entfernungen. In

Eine abendliche Begegnung in Williams Lake

Williams Lake machten wir einen Zwischenstop und mieteten einen PKW für eine Tour auf der Straße B.C.20, die von hier aus etwa 500 km nach Westen, über die Küstenberge bis Bella Coola am North Bentinck Arm, führt.

Das Flugzeug war am späten Nachmittag bei strömenden Regen gelandet. Am Flugplatz mieteten wir unseren Wagen und fuhren in die Stadt. Aus den tiefhängenden Wolken regnete es immer noch unvermindert. Für den nächsten Tag meldete der Wetterbericht leichte Besserung, also bezogen wir im Fraser Inn ein Zimmer und hofften auf den kommenden Tag. Abends gönnten wir uns im Restaurant einen ausgezeichneten Lachs und dazu einen ganz hervorragenden kalifornischen Chablis. Wir hatten unsere Mahlzeit beendet, als wir von einem der Nebentische deutsche Laute hörten.

Überrascht und erfreut gingen wir hinüber und trafen auf ein Ehepaar mit zwei erwachsenen Söhnen und einen weiteren Begleiter.

Bald stellte sich heraus, daß wir Neubürger des Landes vor uns hatten. Obwohl sie in der Nähe von Heilbronn einen gutgehenden Handwerksbetrieb besessen hatten, waren sie entschlossen, im fernen British Columbia noch einmal einen neuen Anfang zu wagen. Frühere Besuche hier und Beispiele anderer Auswanderer hatten sie zu diesem Schritt ermutigt. Nun war man gerade drei Monate im Land auf der eigenen Farm und traf sich hier mit einem Bekannten. Noch lange saßen wir an diesem Abend in dem rustikalen, ganz aus Holz erbauten und gemütlichen Restaurant zusammen. Adressen wurden ausgetauscht und damit begann, was wir damals noch nicht ahnten, eine inzwischen schon jahrelange Freundschaft.

So schön und abwechslungsreich eine Fahrt auf der 97 ist, eigentlich sollte man hier und da auch einen Abstecher in das Hinterland machen. Dort findet man Ruhe und Erholung in einer kaum berührten Natur. Zwischen großen Rinderfarmen und Seen, zwischen unermeßlichen Wäldern und überraschenden Ausblicken stößt man hier und da auch auf Zeugen der Geschichte. Lassen Sie uns darum beim 150 Mile House abbiegen zu einem Besuch auf der Seidler Ranch.

Eines der Gebäude der 150 Mile Ansiedlung ist als „Haus des Todeswalzers" bekannt. Im Winter zogen früher Gruppen von Musikanten von roadhouse zu roadhouse und spielten zum Tanz auf.

Diese Veranstaltungen boten einen willkommenen und oft auch einzigen Anlaß zum Treff und dauerten meist bis zum frühen Morgen.

Im 150 Mile House gab es einen hervorragenden Tänzer, der keinen Tanz ausließ. Nach einigen besonders wilden Nächten erlitt er einen Blutsturz und starb. Wie üblich, wurde eine dreitägige Totenwache gehalten. Am letzten Tage, kurz vor dem Gang zum Friedhof, schlug jemand vor, dem Toten zu Ehren noch einmal seinen Lieblingswalzer zu spielen. So geschah es und seitdem hat das Haus seinen Namen. Auf der 153 Mile Farm wurde ein kleines privates Museum eingerichtet, das aus der Geschichte des Hauses und seines Ladens erzählt. Interessenten können sich auf der Farm melden.

Wir halten uns an der Gabelung der Straße rechts in Richtung Horsefly, wo 1859 das erste Gold im Cariboo gefunden wurde.

Etwa 13 km nach der Gabelung geht rechts ein Weg zum Rose Lake.

Zu einem Restaurant gehören einige Blockhäuser (cabins) und ein Campingplatz. Ein Badesteg führt in den warmen See. Wir fahren noch einige Kilometer weiter und biegen scharf links in einen Weg ein, der uns zur Seidler-Ranch führt. Wir überqueren einen Hügel und danach einen Bach, den Biber mit dem typischen Damm aufgestaut haben. Der Weg steigt wieder an und wir passieren das Eingangstor zur Ranch. Nach einigen hundert Metern ist das Farmhaus erreicht. Maria und Ingo Seidler begrüßen uns herzlich und auch der Hund springt freudig wedelnd um uns herum. Später führt uns Ingo stolz durch seinen Besitz. Mehr als 13o ha. gehören den Seidlers. Scheunen und ein altes Farmhaus liegen verstreut auf dem Gelände. Wiesen, Wald und ein kleiner See bedecken das leicht hügelige Gebiet. Im Wald entdecken wir herrlich schmek-

Barkerville, die Goldgräberstadt.

Hier kann man heute wieder einkaufen.

Lehrer und Richter halten ein Schwätzchen mit der Nachbarin.

110

Die Hauptstraße von Barkerville.

kende Beeren. Vom Waldrand, dem höchsten Teil der Farm, haben wir einen wunderschönen Blick auf die Schneeberge des Wells Grey Parks, den wir hier sozusagen „von hinten" sehen. Die Farm liegt etwa 800 m hoch. Zum Tierbestand gehören Pferde, Kühe, Stiere, Schweine, Ziegen, Hühner, 2 Katzen und der Hund. Zur Zeit richtet man sich auf Besucher als Guest Ranch ein. Stabile, kleine Blockhäuser, gemütlich eingerichtet, warten auf Gäste, die, allein oder geführt, die Schönheit des unberührten Landes und die alten Wege der Goldsucher entdecken oder

sogar selbst einmal ihr Glück beim Goldwaschen versuchen möchten.

Von der Seidler-Ranch zurück zum Hwy 97 und bis Williams Lake sind es rund 40 km. Die Stadt hat Flug-, Bahn- und Busanschluß und versorgt, als Herz des Cariboo-Landes, ein riesiges Gebiet. Am ersten Wochenende im Juli findet hier alljährlich auch die größte Stampede in British Columbia statt. Die Stadt wurde nach einem Häuptling der Shuswap-Indianer, Chief Willy-um, genannt.

Nördlich von Williams Lake, bei Soda Creek, stoßen wir auf einen alten Bekannten, den Fraser. Von hier ab nach Norden ist der Fluß wieder schiffbar. Raddampfer fuhren von hier aus 400 Meilen weit nordwärts. Ein Steinhaufen erinnert etwa auf halbem Weg nach Quesnel an das 1821 von der Northwest Company gegründete Fort Alexandria. Hier blühte der Pelzhandel, lange bevor Gold gefunden wurde.

Quesnel, die Stadt an der Mündung des gleichnamigen Flusses – wir erinnern uns an die Namensgebung durch Simon Fraser – war wichtige Station auf dem Weg zu den Goldgräberstätten im Hinterland. Heute ist es das Wirtschafts- und Handelszentrum des nördlichen Cariboo.

Mit Begeisterung feiert man hier jedes Jahr im Juli die „Billy Barker Days". Am nördlichen Stadtrand biegt die Cariboo Wagon Road nach Osten ab. Heute heißt die Straße B.C.26 und führt über Wells nach Barkerville, der bekannten Ghosttown. Nachdem wir früher hier schon vorbeigefahren waren – Ghosttowns hatten wir schon in den USA gesehen – entschließen wir uns heute zu dem 80 km-Abstecher. Wir haben es nicht bereut!

Auf dem Goldrush Trail ins Eldorado

Auf unserem Weg nach Barkerville kommen wir etwa 29 km östlich von Quesnel zum Cottonwood Provincial Park. 1864/65 erbaut, war Cottonwood House eine der letzten Versorgungsstationen (Roadhouses) auf der langen Reise nach Barkerville. 1874 kaufte John Boyd die Farm und bis 1951 wurde sie von der Familie Boyd auch bewirtschaftet. Ein Hotel mit sauberen Zimmern stand zur Verfügung. Aus den eigenen, frischen Produkten wurden Mahlzeiten zubereitet – eine komplettes Dinner mit Steak und Kaffee kostete 75 Cent – und der Laden bot alles, was Goldsucher und Farmer benötigten. Die Zugtiere wurden in großen Ställen versorgt. 1868 kam ein Telegraphenbüro hinzu. Haus und Ställe sind noch vollständig eingerichtet und zu besichtigen. Ein leichter Kutschwagen steht für Rundfahrten bereit. Cottonwood House ist eines der ältesten Gebäude in British Columbia.

In Wells steuern wir einen Campingplatz an. Der Ort entstand 1930, als man hier neue Goldminen fand, die bis 1967 ausgebeutet wurden. Der kleine Ort hat sich den altmodischen Charme der 30er Jahre bewahrt und liegt reizvoll eingebettet zwischen bewaldeten Bergen. Von hier aus sind es nur noch 7 km bis Barkerville. In den 1860er Jahren war der Ort „die größte Stadt westlich von Chicago und nördlich von San Francisco"! Billy Barker fand im Tal des Williams Creek, benannt nach William Dietz (Dutch Bill), einem gebürtigen Deutschen, das erste Gold, genau am 21. August 1862. Mit Windeseile sprach sich der Fund herum und bald gruben Tausende von verdreckten Männern, naß bis auf die Knochen, tiefe Löcher auf ihren Claims. Die Hänge entlang des Baches waren abgeholzt. Die Bäume zu Grubenholz und für den Bau von Hütten verarbeitet. 1868 brannte die Stadt ab, wurde aber rasch wieder aufgebaut.

Wieviel Schweiß, Blut und Tränen sind in die Gruben geflossen, wieviel Hoffnung darin begraben? Niemand weiß es! Nur wenige Schicksale sind überliefert. Von Billy Barker ist bekannt, daß er 600.000 $ aus seinem Claim herausholte. Glück hat ihm das viele Geld nicht gebracht. Wie gewonnen, so zer-

ronnen! Am Ende mußte man sammeln, damit er das Fahrgeld für die Kutsche nach Victoria bezahlen konnte, wo er 1894 als armer Mann starb.
In den 1870er Jahren waren die besten Zeiten der Stadt vorbei. Gold wurde immer weniger gefunden; die Menschen verließen die Stadt.
Barkerville fiel in einen 80 Jahre langen Schlaf, wurde vergessen und zur Ghosttown. Erst 1958, zum 100. Geburtstag von B.C., begann man mit der Restaurierung. Bis heute sind rund 100 Gebäude wieder- entstanden, vermutlich schöner als sie je waren. Kirche, Schule, Saloon und Store, von der Bäckerei bis zum Theater ist fast alles wieder aufgebaut. Ein Bummel über die Hauptstraße versetzt uns 120 Jahre zurück. Die Mitarbeiter in ihren historischen Kostümen machen die Illusion perfekt. Wir begegnen einem Prospektor, der mit seinem Maulesel, beladen mit Zelt und Werkzeug, auf dem Weg zu seinem claim ist und weichen einer B.X. Stagecoach aus, die neue Besucher bringt. Das Theater spielt zwei Vorstellungen am Tag, um 13 und 16 Uhr. Sehr empfehlenswert ist ein Spaziergang auf der „Last Mile" nach Richfield. Heute betritt man die Stadt von Norden. Der Goldrush Trail führte jedoch seinerzeit von Richfield, also von Süden, nach Barkerville. Am schönsten ist der Weg morgens durch den Wald, am Williams Creek entlang. Er steigt sacht, nach 2o Minuten haben wir das Richfield Courthouse erreicht. Es ist übrgens das einzige, noch original erhaltene Gebäude. Hier hat der berühmte Judge Matthew B. Begbie Recht gesprochen. Er war gefürchtet und wurde auch „hanging judge" genannt. Über ihn gibt es viele Geschichten. Im Sommer werden im Gerichtsgebäude Verhandlungen nachgespielt. Die erste beginnt um 11 Uhr. Wir erlebten als Richter und Verteidiger zwei gute Schauspieler, die uns mit Sachkenntnis und Humor in jene wilden Zeiten zurück versetzten.
Von Wells aus führt eine Straße zum Bowron Lake Provincial Park.
Ein Campingplatz und eine Lodge bieten Unterkunft. Mehrere langgestreckte Seen, die sich zu einem Viereck verbinden, ermöglichen für Kanufahrer einen 116 km langen Rundtrip. Über kurze Strecken wird das Kanu zum nächsten Gewässer getragen.
Unterwegs sind einfache Campingplätze angelegt. Man kann Kanus mieten und damit 6 bis 10 Tage lang ein echtes Abenteuer in der kanadischen Wildnis erleben.

Barkerville, Ghosttown

Lage etwa 80 km östlich von Quesnel. Höhe 1200 Meter.

Information:	*Im Eingangsgebäude. Barkerville, B.C. V0 K 1B0* **Tel.(604) 994–3332**
Camping:	*Camping u. White Cap Motor Inn, Motel und Campground*
Motel:	*Box 153 Wells V0 K 2R0,* **Tel 994–3313.**
Highlights:	*Cottonwood House Wells Barkerville, Historic Town Bowron Lake Provincial Park*
Entfernung:	*Rose Lake – Barkerville 220 km Wells – Bowron Lake – Wells 55 km*

113

Die Stadt nennt sich auch gern „Die Drehscheibe im Norden".

Tatsächlich kreuzen sich wichtige Nord-Süd und West-Ost Verbindungen. Der Yellowhead Highway (Nr. 16) verbindet Jasper mit Prince Rupert an der Küste und der Hwy 97 bildet den Anschluß bis hinauf nach Alaska. Eisenbahnverbindungen gibt es ebenfalls

Prince George, die Hauptstadt im Norden von British Columbia

nach Jasper und Prince Rupert, sowie nach Vancouver, aber nicht nach Norden. Selbstverständlich ist Prince George auch auf dem Luftwege erreichbar. Schon die Kanuwege der Indianer verzweigten sich hier an der Mündung des Nechako in den Fraser River.

Ein anderer Name, den die Bewohner gern für ihre Stadt hören, ist „Die Welthauptstadt der Weißfichte", denn die Stadt lebt vor allem von ihrer Holzindustrie und der Weiterverarbeitung in Sperrholz- und Papierfabriken. Als erster Weißer kam 1792 der Entdecker Alexander Mackenzie durch diese Gegend. 1807 gründete Simon Fraser das Fort George. Später brachte die Eisenbahn wichtigen Aufschwung. In der Stadt kann man gut übernachten und einkaufen.

In der George Street gibt es eine deutsche Bäckerei, Chef Pastry.

Ein „Mounty" zu Pferd

Verschiedene Parks dienen Ausstellungen und der Erholung. Der Fort George Park zieht sich am Fraser entlang. Ein Indianerfriedhof erinnert an die Geschichte der Stadt, die auch im Fort-George-Regional-Museum anschaulich dargestellt ist. Das Museum wurde übrigens an der Stelle des ehemaligen Forts errichtet. Im Park werden auch Veran-

Downtown Prince George.

Das Log House Restaurant mit RV-Park von Richard Günther am Tabor Lake.

Diese Cabins kann man mieten.

staltungen, wie z. B. das Food Festival, durchgeführt.

Es gibt aber noch einen besonderen Grund, um in Prince George Station zu machen und das ist Richard Günther mit seinem Log House Restaurant und dem angeschlossenen Campingplatz. Beide liegen am Ufer des Tabor Lake, etwa 11 km südöstlich der Stadt. Wir rasten immer gern auf dem ruhig gelegenen Platz mit dem Blick über den weiten See und die dahinter liegenden Tabor Berge. Das Restaurant liegt auf historischen Jagd- und Fischgründen der Siwash Indianer.

Die letzte Indianerin zog 1914 von hier weg.

Richard Günther kam nach einer typisch amerikanischen Karriere hierher. In Berlin geboren, wanderte er nach einer Klempnerlehre mit 17 Jahren in die USA aus, arbeitete dort in vielen verschiedenen Berufen, u.a. als Tellerwäscher und als Kellner in Las Vegas. Später kam er nach Kanada, wo er zunächst Trapper (Fallensteller) war. Dann leitete er ein Hotel bis er hier, an den Ufern des Tabor Lake, sein Log House Restaurant baute.

Für die Konstruktion benutzte er erstmals das Kernholz, das bei der Produktion von Sperrholz übrig bleibt. Durch einen Brand in der Küche wurde, das Haus im Mai 1977 völlig vernichtet. Schon ein Jahr später war es schöner und größer als zuvor wiederaufgebaut.

In der vornehm rustikalen Atmosphäre der Räumlichkeiten werden hervorragend zubereitete Speisen, darunter natürlich der berühmte kanadische Wildlachs in vielen Varianten, serviert. Richards junge und hübsche Frau Inga herrscht in der Küche und an der Bar.

Einmalig in ganz Kanada und wirklich sehenswert ist die Einrichtung des Hauses! Aus seiner Zeit als Trapper – auch jetzt wird übrigens im Winter noch eine Fallenstrecke betrieben – besitzt Richard eine große Zahl von einheimischen, präparierten Tieren. In Gruppen und über das ganze Haus verteilt findet man Grizzly und Schwarzbär, Bergziegen und Schafe, Elch, Rentier, Wolf, Reh, Vielfraß und viele andere mehr. Zwei gemütliche Kaminecken verlocken zu abendlichen Gesprächen auf den mit Bärenfellen ausgelegten Sitzmöbeln vor dem offenen Feuer. Unzählige Fundstücke, die aus verlassenen Anwesen in der Wildnis stammen, ergänzen das Bild. Töpfe, Flaschen, Gläser, eiserne Bügeleisen und Nähmaschinen könnten aus ihrer bewegten Vergangenheit erzählen.

Ein weiterer, wichtiger Grund für einen Besuch am Tabor Lake ist die Hilfsbereitschaft von Richard Günther! Mit seiner langjährigen Erfahrung, seinen Verbindungen und Sprachkenntnissen bietet er sich bei kleinen und auch größeren Problemen als wertvoller Helfer an. Als wir z.B. von unserer Fahrt auf dem Alaska Highway mit einem durch Steinschlag beschädigten Scheinwerfer ankamen, fuhr er sofort in die Stadt, besorgte das Ersatzteil und half beim Einbau.

Man kann hier auch Boote und Wasserflugzeuge mieten und, wenn es seine Zeit erlaubt, führt er seine Gäste zu Touren auf dem Fraser oder in die Wildnis. Wer kein Wohnmobil hat, kann hier in Blockhäusern übernachten. Wenn irgendwo die Behauptung „man kommt als Fremder und geht als Freund" berechtigt ist, dann bei Inga und Richard Günther am Tabor Lake.

Prince George

Lage an der Kreuzung des Hwys 16 und 97 im nördliche British Columbia, 66.000 Einwohner, 575 m üM.

Information:	*Prince George Travel Infocentre 1198 Victoria Str., Prince George B. C. V2 L 2L2* **Tel. 562–3700**
Camping:	*Log House Restaurant und RV Park Giscome Rd., Tabor Lake, Prince George V2N 2H8* **Tel. 963–9915**
Motel:	*Slumber Lodge, 910 Victoria Street Prince George V2 L 2K8,* **Tel. 563–1267**
Highlights:	*Fort George Park Indianer Friedhof Fort George Regional Museum Tabor Lake*
Entfernung:	*Wells – Prince George 195 km.*

Heute wollen wir zu einer Reise in die Geschichte aufbrechen. Als Ziel haben wir uns dafür das Fort St.James gewählt. Zunächst fahren wir auf dem HWY 16 in Richtung Westen bis Vanderhoof. Dort biegen wir auf die B.C. 27 ab, auf der wir nach 63 km nach Fort St.James kommen. Auf einer Brücke fahren wir über den Stuart River.

Fort St.James, ein Ausflug in die Vergangenheit

Gleich dahinter, am Fluß, liegt ein Campingplatz.

Der kleine Ort am langgestreckten Stuart Lake ist in eine friedliche, bezaubernden Landschaft eingebettet. Man kann sich heute nicht mehr vorstellen, daß Fort St.James einmal, bis 1858, die Hauptstadt von New Caledonia, Neu-Schottland, war. Simon Fraser, der 1806 das Fort gründete, hatte das Land ringsum so genannt.

Fort George war nur ein kleiner Pelzhandelsposten. Fort St.James dagegen entwickelte sich bald zu einer bedeutenden Handelsniederlassung der Hudson's Bay Company. Von weit her kamen die Indianer mit ihren Pelzen und tauschten sie gegen Waren wie Decken, Gewehre, Munition, Whiskey, Salz und anderes ein. Als sich die Verwaltung später im Südwesten des Landes ansiedelte und der Bau der Eisenbahn

Prince George als Wohn- und Basislager begünstigte und dann auch noch die Bahn in Richtung Küste weit südlich an Fort St.James vorbeigeführt wurde, begann der Stern der Siedlung zu sinken. Das restaurierte Fort verhilft dem Ort heute zu einem bescheidenen Tourismus.

Lange bevor die Europäer kamen, lebten hier die Carrier-Indianer.

So nannten sie die ersten Pelzhändler, als sie bemerkten, daß die Witwen die sterblichen Überreste ihrer Männer auf dem Rücken mit sich herumtrugen, bis eine traditionelle Totenfeier abgehalten werden konnte. Diese Eingeborenen lebten hauptsächlich vom Lachs.

Die ersten Weißen kamen um die Wende vom 18. zum 19.Jahrhundert hier durch. Am 26. Juli 1806 errichtete Simon Fraser den ersten Posten.

Der heutige Fort St.James Historic Park liegt an der Kwah-Road.

Die soliden Blockhausbauten stammen aus den 1880er Jahren der Hudson's Bay Company. Da ist er schon wieder, der Name dieser altehrwürdigen Handelsgesellschaft, deren eigene Geschichte so eng mit der Kanadas verbunden ist. Es wird höchste Zeit, daß wir endlich mehr darüber erfahren. Setzen wir uns also auf die Bank vor dem großen Lagerhaus in den Schatten und lassen uns vom Hauch der Geschichte umwehen. Für nordamerikanische Verhältnisse ist die HBC schon so alt, daß man die Buchstaben auch mit „Here before Christ" (Schon vor Christus) übersetzt! Im Jahre 1670 erhielt der deutsche Prinz Rupert aus dem Hause der pfälzischen Kurfürsten als Dank für seine Dienste vom englischen König Charles II. ein Privileg, mit dem ihm Souveränität und damit auch die Handelsrechte über das Gebiet aller in die

*Eingang zum Fort
St.James am Stuart
Lake.*

Hudson's Bay fließenden Gewässer zugesprochen wurde. So wurde die „Company of Adventurers trading into Hudson's Bay" (Gesellschaft der in die Hudson's Bay Handel treibenden Unternehmer) gegründet. Dieses riesige Gebiet wird heute noch „Rupert's Land" genannt. Das Hauptgeschäft war der Handel mit Pelzen, für die in Europa in der damaligen Zeit ein großer Bedarf vorhanden war. Pelze waren

modern und aus Haaren der Felle wurde auch der Filz für die Hüte gewonnen.

Schon früher hatte der aus Paris stammende Piere E. Radisson in der Gegend der Hudson Bay eine riesige Pelzbeute, vor allem Biberfelle, gemacht und diese nach Montreal gebracht, wo er jedoch vom Gouverneur, dem Baron d'Avaugour, betrogen wurde. Darüber erbost, bot er seine Dienste den Engländern an.

Der englische Kapitän Henry Hudson hatte bereits 1610 auf der Suche nach der Nordwestpassage, also der nördlichen Durchfahrt vom Atlantik zum nördlichen Pazifik, die nach ihm benannte Hudson Bay entdeckt. Dort war er mit seinem Sohn und 8 Begleitern von der meuternden Mannschaft ausgesetzt worden und ist dann verschollen.

Zu jener Zeit rangen die Engländer mit den Franzosen um die Vorherrschaft im Nordamerika. Während die Franzosen sich im Tal des St.Lorenz Stroms festgesetzt hatten, konnten die Engländer nun mit ihren Schiffen durch die Hudson Bay bis weit in das Land hineinfahren und das französiche Einflußgebiet umgehen.

1783/84 schlossen sich die französischen und schottischen Pelzhändler in Montreal zu einer Partnerschaft, der Northwest Company, zusammen, die in lebhaften Wettbewerb mit der älteren HBC trat. Eine ihrer hervorragensten Persönlichkeiten war der Schotte Alexander Mackenzie. Ihn hatte seine Gesellschaft als Partner weit in den Westen geschickt. Vom entlegenen Fort Chipewyan aus, am Athabasca River, nur ein paar winzige Blockhütten in der unendlichen Wildnis, vertrat er die Interessen der Northwest Company

*So wohnte man im
Fort vor 150 Jahren.*

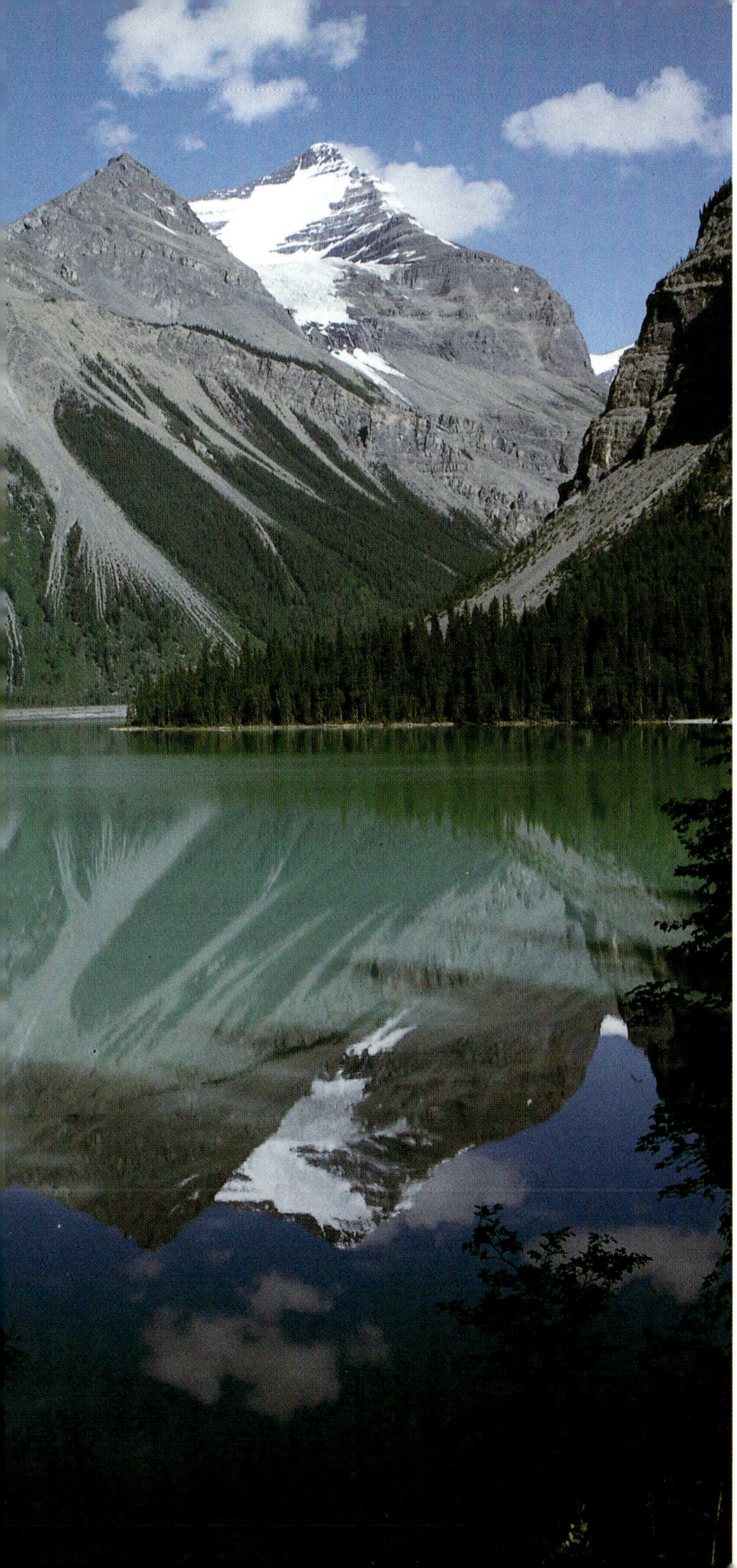

Fort St.James, ein Ausflug in die Vergangenheit

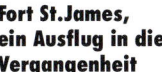

und erforschte neue Wege zum Pazifik. Wir haben schon von seiner Expedition bis Bella Coola gehört. Vorher hatte er bereits versucht, über den Mackenzie River (später so nach ihm benannt) dieses Ziel zu erreichen, bis er merkte, daß ihn dieser Weg in das Nordpolarmeer führt. Mackenzie war einer jener Männer, die im Auftrag ihrer Gesellschaft, und sicher auch des eigenen Vorteils wegen, alle Mühen und Gefahren auf sich nahmen und das weite Land erforschten und erschlossen. Wie in vielen anderen Fällen, war auch hier das Streben nach Macht und Profit Triebfeder für das Handeln.

Forts, befestigte Stützpunkte für den Handel mit den Indianern, wurden immer weiter nach Westen vorgeschoben. Flüsse und Seen bildeten die Straßen für die Kanus, die von kräftigen Ruderern (Voyageurs), meist frankokanandischer Herkunft, bewegt wurden.

Kurze Strecken dazwischen, z.B. von einem See zum anderen oder um Stromschnellen (rapids) zu umgehen, wurden Portagen genannt. Dort mußten die Boote entladen und die meist 90 Pfund schweren Waren- oder Pelzballen, sowie die Kanus selbst getragen werden. Je weiter die Forts nach Westen vorgeschoben wurden, umso länger wurden die Transportwege. Damit war es dann nicht mehr möglich, die Reise nach Montreal hin und zurück in einem Sommer durchzuführen. Man brauchte eine Zwischenstation. Dieser Ort war Grand Portage am Lake Superior. Der Name hat sich bis heute gehalten. Hier trafen sich die aus Westen ankommenden Kanuverbände mit den Montreal-Kanus aus dem Osten. Es wurde umgeladen, die Tauschwaren wie Messer, Musketen, Decken, Mehl, Äxte und auch Feuerwasser, gingen

Kinney Lake mit Whitehorn Mountain.

weiter nach Westen, während die Ballen mit Pelzen ihre weite Reise nach Osten fortsetzten.

Lange Jahre rivalisierten die beiden großen Handelsgesellschaften, bis sie sich endlich 1821 – dic Franzoscn hatten die Schlacht bei Quebec 1759 verloren und vier Jahre später mit dem Frieden von Paris auch endgültig ihren Einfluß auf nordamerikanischem Boden – unter Beibehaltung des Namens Hudson's Bay Company zu einer Gesellschaft zusammenschlossen. Bis 1869 gehörten dieser Gesellschaft riesige Gebiete wie Alberta, Sasketchewan und die im Norden und Osten anschließenden Länder! Ein Blick auf die Karte verdeutlicht die Macht und den Einfluß, die mehr als 200 Jahre lang die Geschicke dieses Landes geprägt haben, bis sie jetzt für 1.350.000 $ an die kanadische Föderation abgetreten wurden. Wie uns die großen Kaufhäuser gezeigt haben, ist die HBC jedoch bis heute ein höchst lebendiges Handelsunternehmen geblieben.

Eine Stimme reißt uns aus unseren Träumen: „Was wollen Sie hier? Suchen Sie Arbeit und was können Sie?" Eine stämmige Frau in einem altertümlichen Kleid spricht uns an. Wir sind noch nicht ganz wieder in die Gegenwart zurückgekehrt, sondern erst im Jahre 1894.

Bis in dieses Jahr wurde im Fort die Uhr zurückgestellt. Man lebt, denkt und spricht wie in jener Zeit, auch zu den Besuchern.

Das gehört zum Rollenspiel, in das die Touristen einbezogen werden.

Das von Waren überquellende Lagerhaus, das Wohnhaus und die Verwaltung gehören ebenso zu dieser „Vorstellung" wie der Bauerngarten und die munter scharrenden Hühner. Später

stellt sich heraus, daß die Frau, die uns ansprach, Elisabeth heißt und aus Erlangen stammt!

Gemeinsam machen wir einen Rundgang über das Gelände. Wir schauen in das Lagerhaus, das Männerhaus, den Laden und wandern zu den Geleisen, die zur Anlegestelle am See hinunterführen. Mit kleinen Loren wurden die Waren von den Kanus direkt ins Lager geschafft.

Über das Visitor Centre, zu dem auch ein Picknickplatz gehört, verlassen wir den Park und fahren nach Prince George zurück.

Fort St.James, am Stuart Lake

über HWY 27. 1922 Einwohner, 673 müM

Camping:	*Stuart River Campground, Roberts Road* **Tel.996–8690**
Motel:	*New Caledonia Motel, Box 969, Fort St.James V0J 1P0*
Highlights:	*Fort St.James National Historic Park, Kwah Road Fort St.James V0J 1P0* **Tel.996 7191** *Russ Baker Memorial (einer der ersten Buschpiloten und Gründer der Pacific Western Airlines)*
Entfernung:	*Prince George – Fort St.James – Prince George 340 km.*
Strecke:	*Prince George – McBride – Tete Jaune Cache. Entfernung 270 km.*

Ade, du gastliches Loghouse am Tabor Lake! Auf Wiedersehen Inga und Richard, die mit ihrer kleinen Tochter gekommen waren, um uns nachzuwinken. Selbst Jäger, der Hund, macht ganz traurige Augen.

Wir haben unsere Benzin- und Wassertanks gut gefüllt und auch den Kühlschrank nicht vergessen, denn vor uns

Eine einsame Strecke am oberen Fraser

liegt eine lange Strecke ohne jede Ortschaft, ja nicht einmal ein Haus werden wir auf den nächsten 200 km sehen. Auf der Giscome Road, die uns zum HWY 16, dem Yellowhead Highway führt, fahren wir Richtung Osten. Bald haben wir den Highway erreicht. Zuerst säumen Kahlschläge die Straße, dann dichte Wälder und bald läßt auch der Verkehr nach. Vom Fraser und von der Eisenbahn, die irgendwo parallel verlaufen, sehen wir nicht viel. Nach etwa 65 km kommen wir an der Einfahrt zum Purden Lake Provincial Campground vorüber. Weiter geht es. Wir fahren und fahren. Rechts von uns ragen die Cariboo Mountains mit dem 3395 m hohen Whitehorn Mountain auf. Die Gegend ist im Winter ein beliebtes Ziel für Helikopter-Skifahrer. 220 km östlich von Prince George rollen wir durch die kleine Ortschaft McBride. Hier bieten sich die einzigen Übernachtungsmöglichkeiten an der Strecke.

Darunter ist auch ein Haus Waldesruhe Guest House! Wieder einmal kreuzen wir den Fraser. Riesige Weiden, Büsche und kleine Waldstücke füllen das weite Tal aus. Es ist schon Mittag vorbei, als wir in Tete Jaune Cache die Kreuzung passieren, in die von Süden der HWY 5 einmündet. Hier haben wir unseren Abstecher beendet und sind nun wieder auf der „normalen" Route.

Eingang zum Mount Robson Park.

In Clearwater, wo wir uns für den Abstecher ins goldene Cariboo-Land verabschiedet hatten, setzen wir unsere Reise fort.

Der HWY 5 nimmt uns wieder auf und für die nächsten ca. 150 km begleitet uns auch der North Thompson River noch einmal. Die Straße steigt in der Waldlandschaft stetig an. Nach 63 km

Mount Robson, König der kanadischen Berge

zieht Avola, ein kleiner Ort mit Motel und Tankstelle, vorüber. Von Blue River aus führt eine 23 km lange, unbefestigte Schotterstraße (gravel road) zum reizvollen Murtle Lake im Wells Gray Park. Nahe bei Blue River finden wir wieder einen „Stop of Interest", also eine jener geschnitzten Tafeln, die aus der vergangenen Zeit erzählen. Hier erinnert sie an die ersten Touristen, zwei Engländer, die 1863 auf ihrer sicher nicht erholsamen Reise dieses Tal passierten.

Von hier aus, wie ebenso von Valemount, 90 km weiter nördlich gelegen, kann man sich im Winter per Hubschrauber zum Skifahren in die Cariboo Mountains bringen lassen. Der Erholungsort bietet sich an als Standort für Ausflüge zum fast 200 km langen Kinbasket Lake, der vom Mica Damm aufgestaut wird, und zum Mt.Robson Park.

Nur 19 km weiter nach Norden erreichen wir Tete Jaune Cache und damit auch den Yellowhead HWY 16. Der kleine Ort hat einen eigenartigen Namen, hinter dem wieder einmal eine Geschichte steckt. 1814 tauchte hier, wo ein Nebenfluß in den Fraser mündet, ein Frankokanadier mit Namen Francois Decoigne auf. Er tauschte Pelze von den Indianern ein, mit denen er bald ein gutes Verhältnis hatte. Die Pelze und Tauschwaren wurden vor ungebetenen Besuchern versteckt. Ein auffallendes Merkmal dieses Mannes war sein Schopf blonden Haares, der bei den schwarzhaarigen Bewohnern sehr auffiel. Sie nannten ihn Gelbkopf. Er übersetzte das und nannte sich „Tete Jaune", was die Engländer später in „Yellowhead" übersetzten. Wie wir bei Cache Creek schon gelernt haben, heißt „cache" im Englischen „Versteck". So wäre der Ort mit „Gelbkopf's Versteck" zu übersetzen. Als später der Pass in den Rockies benannt werden mußte, gab man ihm den gleichen Namen und so war es nur logisch, dann auch die wichtige Straße nach dem ersten Siedler dieser Gegend zu benennen.

Schon nach ein paar Kilometern machen wir eine Pause am Parkplatz, von dem aus ein Weg (ca. 15 Min.) zu den Rearguard Fällen führt.

Ein Aussichtspunkt erlaubt den Blick auf eine 10 m hohe Felsstufe, über die der Fraser abfällt. Bis hierher schwimmen die größten und stärksten Lachse zum Laichen, die vor vier Jahren hier ihre weite Reise in den Pazifischen Ozean angetreten hatten. Im Spätsommer kann man Lachse beobachten. Grün und silbern springt der junge Fraser munter durch sein flaches, kiesiges Bett. Größere Steine lassen das Wasser

immer wieder weiß aufschäumen. 1300 km weit ist sein Weg noch bis in das große Meer, das ihn am Ende seiner Reise verschlingen wird.

Bald haben wir den westlichen Parkeingang erreicht und sind auch bald danach beim Visitor Centre mit dem großen Parkplatz. Wahrhaft majestätisch ragt der größte Berg der kanadischen Rockies mit seinen 3954 m in den Himmel. Längst nicht immer hat man das Glück, dieses beeindruckende Massiv in seiner ganzen Größe und Schönheit sehen zu können. Uns war das bisher nur ein einziges Mal vergönnt.

Und selbst dann wehte um den Gipfel eine leichte, weiße Kappe.

Der Park bietet eine Reihe verschiedener Einrichtungen.

Tankstelle, Coffee Shop, Ranch und Campingplatz – alles kommerzielle Unternehmen – liegen an der Straße, unweit des Besucherzentrums. Zwei staatliche Campingplätze und eine Sani Station zum Entsorgen ergänzen das Angebot.

Mehrere Wanderwege bieten sich an. Es wird jedoch ausdrücklich darauf hingewiesen, daß nur geübte Wanderer bzw. Bergsteiger mit der entsprechenden Ausrüstung und nachdem sie sich vorher abgemeldet haben, auf den Weg machen sollten. Für den Berg Lake Trail, der eine Länge von 22 km hat, sollte man sich zwei Tage Zeit nehmen. Einfache Campgrounds bieten unterwegs Platz zum Aufstellen des mitgebrachten Zeltes. Wir sind nur den unteren Teil dieses Weges, bis zum 4,5 km entfernten Kinney Lake, in dem sich die umliegenden Berge spiegeln, gewandert. Es ist ein schöner, leicht ansteigender Weg durch den Wald am Robson River entlang.

Mt. Robson, mit 3954 m, höchster Berg in den kanadischen Rockies.

123

Maligne Schlucht.

Beide Wege beginnen am Parkplatz. Auf der Südseite der Straße, vom Robson Meadows Campground aus, folgt ein Weg dem Fraser aufwärts zu den Overlander Falls mit der gleichnamigen Schlucht.

Nur ein Spaziergang, aber sehr lehrreich, ist der Nature Trail.

Seit 1907 gab es mehrere Versuche, den Mt.Robson zu besteigen.

Erst 1913 bezwangen 3 Bergsteiger den König der Kanadischen Berge.

Mount Robson Provincial Park

am HWY 16, westlich an den Jasper National Park angrenzend. Gegründet 1913, Größe 2200 qkm.

Camping:	*Emperor Ridge Campground, 37 Plätze,* **Tel.566–4714** *Robson Meadows, 127 Plätze Robson River, 19 Plätze Lucerne, 32 Plätze (10 km westl. vom Yellowhead Pass*
Motel:	*Mount Robson Lodge, Box 157, Valemount V0E 2Z0* **Tel. 566–4821** *Mount Robson Ranche, Hargreaves Rd. beim Mt.Robson* **Tel. 566–4370**
Highlights:	*Rearguard Falls Berg Lake Trail Natur Trail Overlander Falls*
Information:	*Mount Robson Visitor Centre, Box 579, Valemount,B.C. V0E 2Z0* **Tel.566–4325**
Entfernung:	*Clearwater – Mt.Robson 240 km*

Unser rollendes Hotel setzt sich wieder in Bewegung. Osten ist die Richtung. Am Red Pass erreichen wir den langgestreckten Moose Lake, durch den der Fraser fließt. Bewaldete Abhänge reichen bis an das moosgrüne Wasser heran. Jenseits des Sees sind die Thunder Falls zu sehen. Kurz bevor wir den Yellowhead Lake und den Lucerne

Von Jasper über den Icefields Parkway in die Gletscherwelt

Campground erreichen, sehen wir unseren alten Freund, den Fraser, zum letzten Mal. Als Bach von den Bergen herabspringend, trifft er hier zum ersten Mal in seinem jungen Leben eine Straße. Ein Rastplatz markiert die Stelle. Am Yellowhead Pass (1331 m) verlassen wir mit dem Mt.Robson Park gleichzeitig auch das große und so herrliche British Columbia. Wieder überschreiten wir die kontinentale Wasserscheide. Der Miette River, unser neuer Begleiter, mündet über den Athabasca im Polar-Meer. Da wir gleichzeitig auch von der Pacific Time in die Mountain Time Zone wechseln, müssen wir unsere Uhren eine Stunde vorstellen. Am Yellowhead Pass erreichen wir den Jasper National Park. Bald ist Jasper erreicht. Zuerst kümmern wir uns um unser heutiges Nachtquartier. Der Whistler Campground ist mit 800 Stellplät-

zen zwar riesig, in der Hochsaison kann er jedoch bereits mittags voll besetzt sein!

In den ersten Jahren des vorigen Jahrhunderts war der Ort eine wichtige Station der Pelzhandelsroute. Jasper Hawse errichtete einen Handelsposten (Trading Post), der später als Jasper's House bekannt wurde. Etwa 100 Jahre später wurde die Eisenbahn von Edmonton über Jasper hinaus nach Westen gelegt. 1907 ist das Gründungsjahr des Parks. Heute ist die Stadt das Zentrum des Nationalparks und im Sommer oft überlaufen. Was für die Campingplätze gilt, trifft auch auf die Hotels und Motels zu. In der Hauptreisezeit sollte man sich früh genug sein Zimmer reservieren. In der Innenstadt, nahe bei der Miette Ave., finden Sie das Park Information Office. Wie immer, kann man sich dort umfassend informieren. Die Jasper Park Lodge, etwa 8 km außerhalb der Stadt, ist eine der schönsten und luxuriösten Unterkünfte.

Die Eisenbahngesellschaft Canadian National Railroad (CNR) übernahm 1922 die Anlage von den Gebrüdern Brewster und baute sie in mehreren Abschnitten zur heutigen Lodge mit allem Luxus und vielen Sportmöglichkeiten aus.

Um die Stadt herum liegt eine Reihe wunderschöner Ausflugsziele.

Den besten Überblick hat man vom 2464 m hohen Mount Whistler, nicht weit vom gleichnamigen Campingplatz. Die Jasper Sky Tram bringt uns in wenigen Minuten auf den Gipfel. Der Berg verdankt seinen Namen den unzähligen Murmeltieren, die man hier oben hören und sehen kann. Das Schönste aber ist der Panoramablick auf die umliegenden Berge mit den eingebetteten Seen und das wie eine Spielzeugstadt

Bären Gletscher.

mit Eisenbahn wirkende Jasper. Ein weiteres Muß ist der Besuch des Maligne Canyon und des gleichnamigen Sees. Etwa 15 km südöstlich der Stadt liegt das erste Naturwunder, die in vielen Jahrtausenden vom Maligne River eingeschnittene, schmale und 50 m tiefe Schlucht. Ein Pfad führt an ihr entlang. Die schmale Straße folgt dem Fluß zum Medicine Lake und weiter bis zum Maligne Lake, dem größten See in den kanadischen Rockies. Hier gibt es viele Wanderwege. Auch mit Mietbooten kann man den Gletschersee befahren. Spirit Island, eine winzige Insel im See, bietet vor der Kulisse der schneebedeckten Berge ein sehr beliebtes Fotomotiv.

Nach zwei Nächten am Fuße des Mt.Whistler starten wir heute in freudiger Erwartung des Höhepunktes unserer Reise. Unser Ziel ist der berühmte Icefields Parkway (HWY 93), der von vielen als die schönste Hochgebirgsstraße der Welt angesehen wird. Gleich südlich der Abzweigung des HWY 93 vom HWY 16 führt rechts eine Alternativroute (HWY 93 A) ab, die in Richtung Mount Edith Cavell führt und

Columbia Icefields.

nach 24 km wieder zur Hauptstraße zurückleitet. So kommen wir an der beinahe senkrecht aufragenden Wand des Berges vorüber. Es ist schon selten genug, daß ein Berg einmal nach einer Frau benannt wird. Allerdings war diese Edith Cavell auch eine besondere Person. Im Ersten Weltkrieg leitete sie als englische Krankenschwester in Belgien eine Schwesternschule und verhalf belgischen und englischen Soldaten zur Flucht nach Holland.

Ein Militärgericht verurteilte die geständige Schwester dafür zum Tode. Sie wurde am 12. Oktober 1915 erschossen.

Bei den imposanten Athabasca Falls parken wir unser Wohnmobil, um die wenigen Schritte zu den Fällen zu gehen. Geländer, Plattformen und eine Brücke bieten viele Aussichtspunkte. Urgewaltig donnern und toben die Wassermassen durch die tiefe Schlucht und jagen wie besessen talwärts davon. Beeindruckt von diesem Wunder der Natur fahren wir weiter. Unser nächster Stop ist am Aussichtspunkt Athabasca River. Der Athabasca (ind.: lärmendes Wasser) fließt hier im breiten Tal gemächlich und sich verzweigend in seinem Bett aus Geröll, das er sich selbst gemacht hat. Einige Wapiti Hirsche äsen ungestört an den Ufern. Eine Reihe von Aussichtspunkten verlockt immer wieder zum Halt. Schon kommen die ersten Gletscher in Sicht. Der Athabasca verläßt die Straße, um sich seinen Quellen am Columbia Gletscher zuzuwenden. Er wird vom Sunwapta River (der turbulente Fluß) abgelöst. Die Sunwapta Falls liegen dicht am Highway. Auch sie haben sich eine tiefe Schlucht geschaffen, in der das Wasser rauscht und turbulent wirbelt.

Noch einmal erregt silberweiß gisch-

tendes Wasser unsere Aufmerksamkeit. Unmittelbar an der Straße rauscht der Tangle Bach in Kaskaden zu Tal, wo er vom Sunwapta aufgenommen wird. Die Straße steigt nun zum Columbia Icefield an. Bald leuchtet fern das knall rote Dach des Columbia Icefield Chalet in der Sonne. Vom Parkplatz aus kann man zu Fuß bis an die Zunge des Gletscherfeldes gehen und die Markierungen sehen, die bezeugen, wie sehr sich der Gletscher in den letzten hundert Jahren zurückgebildet hat (etwa 8 m pro Jahr). Direkt auf den Gletscher führen sogenannte Snowmobile Tours. Vom Parkplatz am Chalet fahren so eine Art Schulbusse bis an den Rand des Gletschers. Hier steigt man in große, 380 000 $ teuere Spezialbusse mit riesigen Rädern um und fährt über eine steile Rampe auf den Gletscher, wo man aussteigen kann. Der 7 km lange Athabasca-Gletscher ist nur ein Teil des 325 qkm großen Columbia Icefields. Viele Flüsse haben in diesem Gebiet ihren Ursprung, nicht nur der Athabasca, sondern auch der North Sasketchewan und der Columbia River, die jedoch in unterschiedlichen Meeren münden. Die Eisschicht ist bis 900 m dick. Bei einer jährlichen Schneehöhe von 7 m dauert es etwa 200 Jahre, bis der in Eis verwandelte Schnee an der Gletscherzunge ankommt.

Nur wenig südlich des Columbia Icefields liegt am Highway, auf dem übrigens keine LKW fahren dürfen, der schöne Wilcox Creek Campground. Diese terrassenartige Anlage hat nur 46 Stellplätze und ist darum immer schnell besetzt. Wir beeilen uns, um noch einen schönen Platz zu ergattern und haben Glück. Ein Platz mit herrlicher Aussicht auf das Tal und die Straße zum Sunwapta Pass ist noch frei.

Wir gehen früh schlafen, weil wir am anderen Morgen, möglichst noch vor Sonnenaufgang, zum zweiten Teil der Fahrt auf dieser einmaligen Straße starten wollen.

Jasper National Park

Mit 10.878 qkm der größte National Park in den kanadischen Rocky Mountains. Schließt nördlich an den Banff National Park an. Beide liegen in der Provinz Alberta. Gegründet 1907.

Information:	*Jasper National Park, P. O. Box 10, Jasper, Alberta T0E 1E0* **Tel.852–6161**
Camping:	*Whistlers Campground, 3 km südlich Jasper an HWY 93 781 Stellplätze Wilcox Creek Campground, 111 km südlich von Jasper am HWY 93, 46 Stellplätze, kein Service*
Motel:	*Whistler's Motor Hotel, Box 2080, 105 Miette Ave. Gegenüber Bahnhof, Jasper T0E 1E0* **Tel.852–3361** *Columbia Icefield Chalet, Box 1140, Banff T0 L 0C0 109 km südlich Jasper am HWY 93,* **Tel.762–2241**
Highlights:	*Mount Whistler Maligne Canyon Maligne Lake Athabasca Falls Sunwapta Falls Columbia Icefield*
Entfernung:	*Jasper – Columbia Icefield 109 km.*

Es ist noch stockdunkel als wir uns leise, möglichst ohne die Nachbarn zu stören, auf den heutigen Weg machen. Unsere Scheinwerfer tasten sich durch die Dunkelheit. Kaum ein Auto begegnet uns. Bald aber beginnen die Sterne über uns zu verblassen.

Ein grauer Schleier der Dämmerung läßt die Umrisse der Berge links und

Vom ewigen Eis zu heißen Quellen

rechts von uns erahnen. Und dann erleben wir ein Wunder. Die gezackte Linie der Bergkette im Osten tritt plötzlich scharf konturiert hervor, die Spitzen der gegenüber liegenden Berge erhalten einen goldenen Saum und schweben als gleißende Schneefelder über dem dunklen Tal. Immer höher klettert die Sonne und immer weiter abwärts tasten sich ihre Strahlen die Berghänge herab. Bald können wir die Scheinwerfer ausschalten und bemerken, daß wir inzwischen den Sunwapta Pass (2034 m) und damit die Grenze zum Banff National Park überschritten haben. An Lawinenhängen entlang senkt sich die Straße zum Tal des North Sasketchewan River.

Bei Saketchewan River Crossing biegt der David Thompson Highway (HWY 11) nach Osten ab. Er führt über Rocky Mountain House nach Red Deer.

Während wir auf dem Icefields Parkway weiterfahren, glauben wir plötzlich unseren Augen nicht zu trauen. Ein riesiger, ausgewachsener Grizzly Bär taucht neben uns auf der hohen Straßenböschung auf und trottet etwa 200 m neben uns dahin. Dann verschwindet er ebenso plötzlich wieder in den Büschen. Es bleibt gerade noch Zeit, ihn mit der Videokamera festzuhalten. Für ein Foto reicht die Zeit leider nicht mehr.

Der Peyto Lake war uns von Bildern schon bekannt. Seine türkisblaue Farbe ist einmalig. Wir biegen ab zum Viewpoint. Vom Parkplatz sind es nur wenige Meter zum Aussichtspunkt. Der Weg führt über eine in unzähligen Farben leuchtende Wiesenmatte.

Solche Bergwiesen haben wir nur in den Rocky Mountains gesehen.

Da es noch früh am Morgen ist, sind wir die einzigen Besucher und können die Aussicht auf den Bergsee und seine Mutter, den Peyto Gletscher, ungestört genießen. Bill Peyto war einer der ersten Wildhüter des National Parks. Von ihm erzählt man sich folgende Geschichte: Die Berglöwen hatten sich seinerzeit so vermehrt, daß sie zu einer Bedrohung für den Bestand an Hirschen, Schafen und Bergziegen wurden. Von der Parkverwaltung erging darum eine Anweisung an die Wildhüter, immer ein Gewehr bei sich zu haben und jeden Berglöwen zu erlegen, den sie trafen. Eines Tages, auf einem Kontrollgang, entdeckte Bill einen Berglöwen auf einem Baum. Ein Schuß und das Tier fiel in den Schnee. Die Untersuchung ergab, daß es sich um ein Weibchen handelte, das Junge ernährte, wie man an den Brustwarzen erkennen konnte. Bill war betroffen und machte sich sofort auf die Suche im dichten Unterholz. Erst nach langem Suchen fand er die Tierbabys. Er nahm sie mit in seine Blockhütte.

Den ganzen Winter hindurch versorgte er die jungen Berglöwen, die sich prächtig entwickelten. Im Frühjahr gewöhnte er die Tiere wieder an die Wildnis. Und als der Frühling endgültig Einzug gehalten hatte, brachte er sie eines Tages wieder an den Platz zurück, wo er sie gefunden hatte und ließ sie frei. Er besuchte sie noch einige Male, bis sie auf einmal verschwunden waren. Sie waren in die Wildnis zurückgekehrt! Heute überläßt man der Natur den Ausgleich in den National Parks.

Vom Bow Pass (2079 m) schwingt sich der Highway ins Tal des Bow River hinab. Vorher berührt die Straße aber noch den Rand des Bow Lake. Dieser klare Bergsee, in 1940 m Höhe, beherbergt an seinem Ufer die Num-Ti-Jah(ind. Zobel)Lodge, von der nur die hellroten Dächer durch das dunkle Grün der Bäume herüberleuchten.

Über dem See hängt am Horizont die Eismasse des Bowgletschers.

Die Straße folgt dem Fluß, mit dem wir in Calgary schon erste Bekanntschaft geschlossen hatten. Von hier sind es knapp 30 km bis der wunderbare Icefields Parkway, der erst 1940 gebaut und 1962 zum heutigen Parkway ausgebaut wurde, auf den Trans-Canada-Highway trifft.

Wir fahren, diesmal in östlicher Richtung, an Lake Louise vorbei bis uns die Zinnen des Castle Mountain die Abzweigung des HWY 93 zum Kootenay National Park anzeigen. Hier bieten sich für einen erholsamen Ausklang der Reise mindestens zwei schöne Plätze an.

Einer davon ist Radium Hot Springs, von der Abzweigung 95 km, und der andere der Campground McLeod Meadows.

Noch einmal steigt die Straße zu einem Pass, dem Vermillion Pass (1651), wo wir wieder eine Wasserscheide und die Grenze nach BC überschreiten. Stops lohnen beim Marble Canyon, zu dem ein kurzer Pfad führt und bei den Paint Pots, die ebenfalls über einen kurzen Weg zu erreichen sind. Für die Kootenay Indianer war dies ein heiliger Ort und gleichzeitig die Quelle für die wichtige rote Farbe. Der McLeod Meadows

---

Kootenay National Park

1046 qkm groß, am HWY 93 gelegen. Gegründet 1920.

Information:	*Kootenay National Park, Box 220 Radium Hot Springs, B. C. V0 A 1M0* **Tel. 347–9615**
Camping:	*Canyon Camp, 119 Plätze, 100 m nördl.der Kreuzung HWY 93 und 95. Radium Hot Springs V0 A 1M0* **Tel. 347–9564** *McLeod Meadows, Kootenay National Park, 98 Plätze ca. 26 km nördlich Radium Hot Springs*
Motel:	*Motel Tyrol, Box 312, Radium Hot Springs V0 A 1M0 am HWY 93.* **Tel. 347–9402**
Highlights:	*Radium Hot Springs Paint Pots Marble Canyon Vermillion Pass*
Entfernung:	*Columbia Icefield – Radium Hot Springs 256 km.*

Campground liegt am Kootenay River. Er eignet sich gut zum Träumen und Faulenzen mit Blick auf die Berge und den Fluß. Eine Wanderung zum Dog Lake bringt Abwechselung.

Entspannen läßt es sich auch gut in den warmen oder kalten Pools des Radium Hot Springs Aquacourt. Ein großes Wandbild zeigt, wie schon die Indianer früher hier gebadet haben. Im Canyon Camp findet man einen gepflegten Campingplatz.

Abschied

Jede Reise, und sei sie noch so schön gewesen, geht einmal zu Ende. Auch wir spüren das schmerzlich. Aber das Flugzeug wartet nicht. Noch einmal genießen wir das liebliche Kootenay Tal, die Berge und Seen. Die 93 trägt uns zum TC, in den wir Richtung Calgary einschwenken. Ade, ihr stolzen Rocky Mountains! Wir kommen wieder! Die letzte Nacht in unserem Wohnmobil verbringen wir auf dem KOA-Platz Calgary West, wo wir auch das Fahrzeug innen und außen säubern. Am nächsten Morgen geben wir das rollende Ferienhaus zurück, packen unsere Koffer und lassen uns zum Flugplatz bringen. Und Sie, haben Sie uns auf den Flügeln Ihrer Träume begleitet?

Warum lassen Sie diese Träume nicht Wirklichkeit werden? Gewiß, solch eine Fernreise ist nicht ganz billig und Zeit braucht man auch dazu. Aber es lohnt sich! Das herrliche, weite Land Kanada wird Sie mit offenen Armen begrüßen und Sie reich beschenken.

Ein Sonnenuntergang am Strand des Stanley Parks, der herbe Duft des Wüstensalbeis, der Schrei eines Loons, ein taufrischer Morgen an einem stillen, klaren See, die Begegnung mit einem Bären oder ein Abend am Lagerfeuer in der Wildnis sind Eindrücke, die unbezahlbar sind und Ihr zukünftiges Leben bereichern werden.

Und wenn Ihr Herz bei der Erinnerung daran spürbar schneller schlägt, dann haben Sie es womöglich an den kanadischen Westen verloren.

Abendstimmung am Clearwater Lake

Einreise

Besucher aus der Bundesrepublik Deutschland, Österreich und der Schweiz benötigen einen gültigen Reisepaß ohne Visum. Kinder im Alter bis 16 Jahren können in einem Familienpaß eingetragen sein.
Bis 16 Jahre wird der deutsche Kinder-

Reise-
informationen

ausweis (ab 10 J. mit Lichtbild) akzeptiert.
Personen, die in Kanada arbeiten oder studieren wollen, benötigen ein gültiges Visum.

Zollbestimmungen

Kleidung und persönliche Gegenstände können zollfrei eingeführt werden. Die Einfuhr von Pflanzen, frischem Obst und Gemüse unterliegt Kontrollen. Lebensmittel zum eigenen Verzehr können in angemessenen Mengen eingeführt werden. Bei Tabak sind bis zu 50 Zigarren, 200 Zigaretten und 1 kg Pfeifentabak für Personen über 16 Jahre zollfrei. An alkoholischen Getränken können Reisende 1,1 Liter Spirituosen oder Wein oder 8 Liter Bier zollfrei einführen. Sie müssen jedoch beim Zoll angemeldet werden.
Geschenke im Wert bis zu 40 kanad. Dollar sind zollfrei.

Einfuhr von Haustieren

Hunde und Katzen dürfen eingeführt werden. Voraussetzung ist eine amtstierärztliche Bescheinigung über eine Tollwutschutzimpfung, die zwischen einem Monat und einem Jahr zurückliegen muß. Die Einfuhr gefährdeter Tierarten unterliegt Einschränkungen.

Einfuhr von Angelgeräten und Angeln

Der Einfuhr von Angelgerät für den persönlichen Gebrauch ist erlaubt. Bestimmungen über das Angeln regeln die Provinzen. In den Nationalparks ist das Angeln mit einer Sondererlaubnis, die dort für eine geringe Gebühr erhältlich ist, gestattet.

Funkgeräte

Mobile CB-Funkgeräte bis zu einer Ausgangsleistung von 100 Milliwatt bedürfen in Kanada keiner besonderen Genehmigung.

Hinweise für Autofahrer

Zwischen den heimischen Automobilclubs und der Canada Automobile Assosiation (CAA) bestehen Kooperationsverträge. Mitglieder können gegen Vorlage ihres gültigen Mitgliedsausweises die Dienste des CAA in Anspruch nehmen. Der nationale Führerschein wird anerkannt, ein internationaler Führerschein jedoch empfohlen, da er z. B. in Alberta und British Columbia 1 Jahr gültig ist. Die Einreise mit privaten

Fahrzeugen zu Urlaubszwecken ist für eine Dauer bis zu 12 Monaten erlaubt. Das Reisen per Anhalter ist in den meisten Provinzen nicht erlaubt. Geschwindigkeitsbeschränkungen liegen in der Regel bei 50 km in Ortschaften, bei 80 km auf zweispurigen Nebenstraßen und bei 100 km auf Fernstraßen.

Zahlungsmittel

Der kanadische Dollar hat 100 Cent. Banknoten gibt es zu 1, 2, 5, 10, 20, 50, 100, 500 und 1000 $. Münzen sind zu 1 Cent, 5 C (Nickel), 10 C (Dime) und 25 C (Quarter) im Umlauf. Europäische Besucher nehmen am besten Travellerschecks, ausgestellt in kanad.Dollars, mit. Euroschecks werden nicht akzeptiert. Dagegen sind alle bekannten Kreditkarten anerkanntes Zahlungsmittel. Die Banken sind in der Regel von Montag bis Freitag von 10 bis 15 Uhr geöffnet.

Post und Telefon

Standardbriefe und Karten (bis 20 gr.) kosten von Kanada nach Europa 80 C. Briefmarken erhält man auch in Hotels und Drugstores.
Telefonieren kann man auf der Post nicht. Dafür gibt es private Gesellschaften, die eigene Büros haben und öffentliche Fernsprecher bieten. Für die Münzfernsprecher benötigt man für ein Gespräch nach Europa sehr viele Quarters! Inzwischen gibt es mehr und mehr öffentliche Telefone, die mit Telefonkreditkarten betrieben werden können. Die Durchwahl nach Deutschland ist 011–49 plus Ortskennzahl ohne die Null! und die Rufnummer. Mit der O

erreicht man die Vermittlung (Operator). Man kann auch „ohne Geld", in Form eines R-Gesprächs, nach Deutschland telefonieren.
Mit der Vorwahl 1 800 465 0049 erreicht man die deutschsprechende Vermittlung. Das Konto des Angerufenen wird bei Zustimmung mit DM 22,50 für 3 Minuten bzw. 3,22 für jede weitere Minute belastet.

Einkaufen

Die Geschäfte sind im allgemeinen bis 17.30 oder 18.00 Uhr geöffnet. Freitags manchmal auch bis 21.00 Uhr. Kleinere Geschäfte haben ohnehin meist bis zum späten Abend geöffnet. Typisch sind die oft am Stadtrand gelegenen Einkaufszentren. Um einen großen Parkplatz herum sind Läden für Lebensmittel, Textilien, Haushaltswaren, Reinigungen, usw. angeordnet. Oft findet man hier auch den staatlichen Liquor Store für alkoholische Getränke.

Verkaufssteuern

Die Provinzen, außer Alberta, den Northwest Territories und dem Yukon Territory, erheben eine Verkaufssteuer, die zwischen 4 und 12 % des Rechnungsbetrages liegt. Seit dem 1. 1. 1991 erheben alle Provinzen zusätzlich eine 7 %ige Steuer (Goods and Services Tax,GST) auf alle Waren und Dienstleistungen. Touristen erhalten auf Antrag die GST auf Waren, die ausgeführt werden und für Hotelübernachtungen zurück. Von dieser Regelung sind Tabak, Alkohol und Benzin ausgenommen.

Krankenversicherung

Eine zusätzliche Versicherung für den Krankheitsfall auf der Reise sollte man im Heimatland abschließen. Im Zweifelsfall gibt die zuständige Krankenkasse Auskunft. Ein Krankenhausaufenthalt kann bis 900 $ pro Tag kosten! Benötigte Medikamente sollte man in ausreichender Menge mitnehmen oder wenigstens eine Kopie des Rezeptes.

Stromspannung

In Kanada und in den USA ist die Spannung für den Wechselstrom 110 Volt. Für die Steckdosen benötigt man einen Zwischenstecker und für Geräte, die sich nicht auf 110 Volt umstellen lassen, einen Transformator.

Trinkgelder

In Kanada sind Bedienungsgelder nicht im Preis enthalten. Es ist üblich, in Restaurants, Hotels, bei Friseuren, Taxifahrern und anderen 15% des Preises als Trinkgeld zu geben. Für das Tragen eines Gepäckstücks gibt man 0,75 C bis 1 Dollar.

Metrisches System

Kanada hat sich vom englischen auf das metrische System umgestellt. Man benutzt also die Angabe von Temperaturgraden in Celsius, bei Flüssigkeiten in Litern und bei Entfernungen Meter bzw. Kilometer.

Peyto Lake.

134

Adressen

Reiseveranstalter:

ADAC Reise GmbH
Am Westpark 8, 8000 München 70
Tel. 089/76 76 21 46

Adventures Tours
Rohrbacher Str. 81, 6900 Heidelberg-
Tel. 062 21/16 28 80

airtours international
Adalbertstr. 44–48, 6000 Frankfurt 90
Tel. 069/7 92 80

CANADA REISEDIENST CRD
INTERNATIONAL GmbH
Rathausplatz 2, 2070 Ahrensburg
Tel. 041 01/5 11 67

Deutsches Reisebüro GmbH,
ABC Abtlg.
Eschersheimer Landstr. 25–27,
6000 Frankfurt
Tel. 069/1 56 64 90

Global Transport Touristik Service
Dieselstr. 27, 6367 Karben
Tel. 060 39/4 30 11

Inter Air Voss-Reisen
Triftstr. 28–30, 6000 Frankfurt 71
Tel. 069/6 70 31

Marco Polo Reisen GmbH
Dettweiler Str. 15, 6242 Kronberg/Ts.
Tel. 061 73/7 09 70

Meier's Weltreisen GmbH
Monschauer Str. 1, 4000 Düsseldorf 11
Tel. 02 11/5 60 20

Mercator Reisen
Stephanstr. 19, 4150 Krefeld 1
Tel. 021 51/6 91 47

Mobil-Reisen GmbH
Schwanseestr. 3, 8000 München 90
Tel. 089/6 91 41 31

nova reisen
Herzog-Wilhelm-Str. 1,
8000 München 2
Tel. 089/23 70 80

Pioneer Wildnis Tours
Steubenstr. 7, 7450 Hechingen
Tel. 074 71/69 62

Scholz Canada Tours
Danziger Str. 47 c, 5205 St. Augustin 1
Tel. 022 41/2 87 87 und 01 30/49 41
(gebührenfrei)

Studiosus Reisen München GmbH
Trappenstreustr. 1, 8000 München 2
Tel. 089/50 06 00

vobis Reisen GmbH
Landwehrstr. 31, 8000 München 2
Tel 089/5 52 16 80

B. von Wirth Reisen GmbH
Herzogstr. 11, 7000 Stuttgart 1
Tel. 07 11/6 19 53–31

Wolters Reisen GmbH
Bremer Str. 48, 2805 Stuhr 1
Tel. 04 21/8 99 90

Auf der Basis von 2 Personen (1990) können Sie mit folgenden Kosten rechnen: Flug Stuttgart – Calgary und zurück 3018,– DM
Wohnmobilmiete (21 ft. Camper) für 28 Tage 4592,– DM
Campingausstattung (beim Vermieter zu zahlen) 100,– DM

Reisekosten

Zusatzversicherung für das Wohnmobil(freiwillig) 318,– DM
Campinggebühren 600,– DM
Benzinkosten für 5050 km
(4207 Strecke plus 20%
Zuschlag für Stadtfahrten und Abstecher)
Verbrauch 24l/100 km 902,– DM
Verpflegung, Ausflüge, Eintritt u.ä.
4200,– DM
13730,– DM

Literatur

Kanada-West, Praktisch & Preiswert
Baxter-Reiseführer,
Vertrieb GeoCenter, München 1986

West-Kanada,
Karl Teuschl/Wolfgang R. Weber
Vista Point Verlag, Köln 1991

West-Kanada, Alaska,
Kurt Jochen Ohlhoff
„richtig reisen"
DuMont Buchverlag Köln 1986

Der Große Polyglott Kanada
Polyglott-Verlag, München 1991
u.a.

Nützliche Adressen

Kanadisches Fremdenverkehrsamt
Taunusstr. 52–60
6000 Frankfurt/Main
Tel. 069/230374

Tourism British Columbia
Paliament Buildings
Victoria, B.C. V8V 1X4
Tel. 604/387-3414
Canada

Alberta Tourism
P.O. Box 2500
Edmonton, Alta T5J 2Z4
Tel. 403/427-4321

Kanadische Botschaft
Godesberger Allee 119
5300 Bonn 2
Tel. 0228/810060

Kanadische Botschaft (Österreich)
Dr. Karl-Lueger-Ring 10
A-1010 Wien
Tel. 0222/5333691

Kanadische Botschaft (Schweiz)
Kirchenfeldstr. 88
CH-3005 Bern
Tel. 031/446381

Kanadisches Generalkonsulat
Tourismusabteilung
Immermannstr. 65 D
4000 Düsseldorf
Tel. 0211/360334

Register

Die neue Buchreihe
für individuelle Reisefreiheit...

Träume von einem erlebnisreichen Urlaub? Ohne jeden Zwang, eine bestimmte Zeit einzuhalten? Im Winter durch verschneite Wälder in Kanada fahren oder den australischen Sommer im »Appartement auf Rädern« genießen – das Wohnmobil ist der ideale Partner und auf jede Witterung eingestellt!

Werner K. Lahmann

Mit dem Wohnmobil durch den amerik. Westen

ISBN 3-7956-0203-3, DM 39,80

Werner K. Lahmann

Mit dem Wohnmobil von Boston nach Florida

ISBN 3-7956-0210-6, DM 39,80

Mit dem Wohnmobil durch den amerikanischen Westen heißt der erste Band dieser neuen Buchreihe. Wer an Kalifornien denkt, denkt an Hollywood, an die Cable Car, an die Lombard Street in San Francisco und auch an den Grand Canyon, obwohl dieser in Arizona liegt, und an Las Vegas inmitten der Wüste von Nevada. Für viele Menschen ist der Westen der Vereinigten Staaten »ein kalifornischer Traum«, mit den Stränden des Pazifik, dem Hochgebirge der Sierra Nevada, den heißen Wüsten und herrlichen Nationalparks.

Der zweite Band dieser Buchreihe führt uns entlang der amerikanischen Ostküste von Boston nach Florida – und wieder alles mit dem Wohnmobil.
Die Landschaft *Neuenglands* wird uns verzaubern, und in *Pennsylvania* fühlen wir uns wie zu Hause. Wir erfahren viel von der Geschichte Amerikas, im Norden von den *Pilgrims* und im Süden vom Bürgerkrieg. Die Amerikaner zeigen ihre *Historic Districts* und sind stolz auf ihre Vergangenheit.

Neben vielen Reiseinformationen, Tips für das Anmieten von Wohnmobilen und vielen anderen praktischen Hinweisen wird hier eindrucksvoll und aufregend ein Stück amerikanischer Geschichte lebendig.

...die faszinierende Reihe für Entdecker und Genießer!

Mit dieser neuen Reihe möchten wir helfen, Urlaubsträume zu realisieren und die herrlichsten Länder im Wohnmobil zu erleben.

Das brillante Bildmaterial trägt darüber hinaus wesentlich dazu bei, daß diese Bücher zu einem Erlebnis werden.

Werner K. Lahmann

Mit dem Wohnmobil durch Neuseeland

ISBN 3-7956-0213-0, DM 39,80

Werner und Susanne Schwanfelder

Mit dem Wohnmobil durch Australien

ISBN 3-7956-0220-3, DM 39,80

Mit dem Wohnmobil durch Neuseeland heißt der dritte Band dieser neuen Buchreihe. Er führt uns in das Land am anderen Ende der Welt – in ein Land abseits von Hektik, ohne lärmüberfüllte Straßen, mit heiler Natur und besonnenen Menschen. Auf einer Fläche, die nicht größer ist als Großbritannien, finden wir die unterschiedlichsten Landschaften und Klimazonen. Kein anderes Land der Welt vereinigt auf so kleinem Gebiet derart vielfältige Landschaften.

Mit dem Wohnmobil durch Australien – ein Erdteil mit wenigen Menschen, aber mit vielen Naturschönheiten. Man kann diesen Kontinent zu jeder Jahreszeit bereisen, alle Klimazonen findet man, und in irgendeiner Ecke des Landes wird jeder noch so ausgefallene Wunsch des Urlaubers erfüllt. Von den verschneiten Bergen der Snowy Mountains reicht es bis zur roten Erde des menschenleeren Outbacks, wo der Ayers Rock und die Olgas auch moderne Menschen berühren. Von den Wundern des Great Barrier Reef bis zu der romantischen Great Ocean Road im Süden zeigt es vielfältige Schönheiten.

Jeder Band 144 bis 156 Seiten, Format 21 × 21 cm, laminierter, abwaschbarer Einband, zahlreiche Farb- und s/w-Fotos sowie eine farbige Skizze der Reiseroute.